14살부터 시작하는

나의 첫 몸 공부

14살부터 시작하는
나의 첫 몸공부

초판 1쇄 펴냄 2023년 7월 14일

지은이 니콜라 모건
옮긴이 김인경

펴낸이 고영은 박미숙
편집이사 인영아 | 책임편집 김현정
디자인 이기희 이민정 박은영 | 마케팅 오상욱 안정희 | 경영지원 김은주

펴낸곳 뜨인돌출판(주) | 출판등록 1994.10.11.(제406-251002011000185호)
주소 10881 경기도 파주시 회동길 337-9
홈페이지 www.ddstone.com | 블로그 blog.naver.com/ddstone1994
페이스북 www.facebook.com/ddstone1994 | 인스타그램 @ddstone_books
대표전화 02-337-5252 | 팩스 031-947-5868

ISBN 978-89-5807-961-3 03190

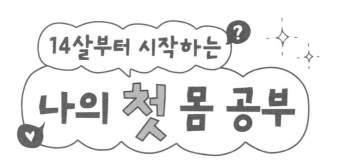

14살부터 시작하는
나의 첫 몸 공부 ?

니콜라 모건 지음 | 김인경 옮김

뜨인돌

✳ 차례 ✳

2부

내 몸을 긍정하는 법

너를 직접 만난 적은 없지만 이미 난 알고 있어. 네 몸이 꽤 멋지다는 걸! 키가 크든 작든, 통통하든 말랐든, 피부색이 어둡든 밝든, 코가 동그랗든 매부리 모양이든, 눈이 동그랗든 길쭉하든, 손가락이 몇 개든, 눈에 보이는 모습이 어떻든 상관없이 네 몸은 분명 멋질 거야.

몸이 멋지다는 건 몸의 모양새가 아니라 '몸으로 할 수 있는 것'들이 결정하는 거야. 몸으로 할 수 있는 것들은 셀 수 없이 많아. 달리기, 한 발 뛰기, 수영, 게임, 그림 그리기, 글쓰기, 컴퓨터 다루기, 빵 굽기, 아픈 사람 돌보기, 매듭 묶기, 재주넘기, 창의적인 아이디어 내기, 춤추기, 점프하기, 골 넣기, 강슛 날리기, 살금살금 걷기, 쿵쿵 걷기, 웃기, 끌어안기. 넌 분명 이 중에서 여러 가지를 할 수 있을 거야.

제 친구들 중에는 몸에 대해 부정적인 친구들이 꽤 많아요. '어깨가 너무 넓어' '배가 너무 나왔어' 같은 이야기들을 너무 많이 하거든요. 그런데 생각해 보면 우리에게 '너무'한 것은 없어요! 저는 다른 사람과 저를 자주 비교했어요. 다리며 가슴이며 코며 온갖 것을 비교했는데 어느 날 깨달았어요. '내가 대체 왜 그래야 하지?' 능력과 외모는 사람마다 다 달라요. 저희 엄마가 그러셨어요. 비교를 그만둘 때 마음의 성장이 시작된다고요. 그 말을 잊지 않으려고 해요.

매디, 16세

이 사실을 꼭 기억하자. 우리의 외모는 우리가 할 수 있는 것들과 전혀 상관없어. 키가 크든 작든, 몸집이 크든 말랐든, 다른 사람보다 특별히 더 '아름다운 모습'이든, 그런 것들은 몸의 수행 능력이 좋다는 걸 의미하지 않아. 몸이 날씬하거나 치아가 희다고 해서 멋진 삶을 사는 건 아니야. 미소 지을 때 얼굴이 일그러지거나 등이 굽었거나 코가 비뚤어졌다고 잘못된 인생을 사는 것도 아니고. 몸의 무게는 마음의 무게와 아무 상관이 없고, 허리둘레는 뇌의 능력과 전혀 상관없어. 신체적인 면 덕분에 뭔가가 더 쉽거나 어렵다면, 그래서 뭐? 외모가 어떻든 우리는 몸으로 '아주 많은 것'을 할 수 있어.

우리 몸은 우리 삶을 나아가게 하는 수단이야. 몸은 가능성을 부여하고, 선택하게 하고, 야망을 품게 하고, 힘을 줘. 몸은 우리의 꿈을 실어 나르고 목표를 이루기 위해 최선을 다하도록 해 주지.

이게 내가 해야 할 이야기의 전부라면, 이 책은 여기서 끝맺었을 거야.

함께 살아가야 하는 인간이기에 겪는 문제

그런데 사람들과 함께 살다 보면, 외모 때문에 문제가 생겨. 우리는 외모가 크게 중요하지 않고 사람마다 보는 눈도 다르다는 사실을 배워서 알아. 하지만 외모를 완전히 무시할 수는 없어. 몸과 관련된 신체 이미지는 뇌가 만들어 내는 거야. 즉, 마음속에 존재하는 자신의 사진인 셈이지. 마음에 들든 들지 않든 그건 우리 내면에 자리 잡고 있어.

그래서 여러 가지 문제가 생겨. 그 문제들은 사소하게 넘길 수도 있지만, 우리 삶을 지배할 수도 있거든.

이 책을 통해서 네가 어떤 사람인지가 네가 어떤 모습인지보다 훨씬 더 중요하다는 사실을 알았으면 좋겠어. 나도 이 책을 쓰면서 큰 도움을 받았기 때문에 이 책을 읽는 너에게도 도움이 되리라 믿어!

잠깐 짚고 넘어가자!
'신체 이미지'가 무슨 뜻일까?

　신체 이미지의 사전적인 의미는 '한 개인이 자신의 신체에 대하여 갖는 주관적인 이미지'야. 태어나면서부터 천천히 형성되고 신체 변화가 급격하게 일어나는 청소년기에 분명해져. 개인의 경험에 따라 바뀌기도 해. 사람들은 대체로 신체 이미지를 자신이 어떤 모습인지를 의미한다고 생각하지. 하지만 그건 정확한 의미는 아니야. '신체 이미지'는 자신이 어떤 모습인지가 아니라 '자신이 어떤 모습이라고 느끼고 생각하는지'를 의미해. 내가 나를 어떻게 보고 타인이 나를 어떻게 본다고 여기는지를 말하는 거지.

　긍정적 혹은 부정적인 신체 이미지를 가졌다는 말은 내가 내 외모를 얼마나 긍정적, 혹은 부정적으로 보는지를 뜻해. 무슨 일을 하고 어떻게 하면 더 많이 성취할지 골몰하는 것에 비해 외모에 얼마나 많은 정신적 에너지를 쏟느냐에 관한 것이기도 해. 긍정적인 신체 이미지는 '몸이 할 수 있는 것들을 존중하는 것'을 의미해. 부정적인 신체 이미지는 자신을 부정적으로 보고 다른 모습이기를 바란다는 뜻이지.

나다운 몸을 위하여

책을 읽는 동안 '나다운 몸을 위하여' 코너를 계속 만날 거야. 자극을 주는 생각, 신체 이미지를 개선하거나 부정적인 상황에 대처하기 위한 활동과 아이디어, 건강한 생활 습관을 들이고 멋진 몸을 돌보는 데 도움이 될 꿀팁을 소개하는 곳이지. 가능한 한 모두 실천하기 위해 노력해 보자. 하다 보면 자신을 지금보다 더 나은 사람으로 느끼게 될 거야.

신체 이미지가 어떻게 만들어지는지 이해하면, 있는 그대로의 나를 받아들이고 내가 할 수 있는 것에 감사하는 법을 알게 될 거야. 자신의 몸을 존중하면 몸을 튼튼하고 멋지게 유지해 줄 건강한 생활 방식을 자연스레 찾게 돼.

긍정적인 신체 이미지는 일상을 멋지게 만들어 가는 일에도 꼭 필요해. 외모를 부정적으로 보면 즐겁고 활기차고 의미 있는 삶을 살 기회를 놓치고 말 거야. 자신의 외모에 부정적이면 몸을 돌보는 데도 소홀하기 쉬워.

나이와 상관없이 누구나 부정적인 신체 이미지를 가질 수 있어. 다양한 연령대의 사람들과 이야기를 나눴는데, 정말 많은 사람이 몸에 대해 부정적인 감정을 느끼고 있어서 놀랐어. 그중에서도 사람들이 유독 많이 이야기했던 단어는 '체중'이야. 네 주변 사람들도 부정적인 말들을 늘어놓으면서 체중과 몸매에 대한 걱정을 부추길지도 모르겠다. 이 책을 통해서, 좋은 뜻으로 내비친 걱정이 도움은커녕 해로울 수도 있다는 사실을 많은 사람들이 알았으면 해. 나이가 많든 적든, 체격이 크든 작든, 우리가 집중해야 할 것은 외모가 아니라 '건강'이야.

♡ 나다운 몸을 위하여

몸에 대한 긍정적인 구호를 생각해 봐. '몸은 내 힘의 근원' '눈에 보이는 것이 전부는 아니다' '내 몸은 나의 것, 내 인생도 나의 것' 등등 아주 다양해. 마음에 드는 구호를 좌우명으로 삼고 부정적인 생각이나 다른 사람의 말 때문에 신체 이미지가 위태로워질 때마다 되뇌어봐.

제 몸을 다른 사람들과 비교하면서 사람들과 다른 저를 비난할 때가 많았어요. 다른 여자아이들은 모두 완벽한 몸매에 탐스러운 머릿결을 가진 것처럼 보였는데 저는 그렇지 않았거든요. 외모 때문에 저는 늘 부족한 사람처럼 느껴졌어요.

아이오나, 16세

이 책은 왜 십 대만을 위해 썼을까?

청소년기는 인생에서 엄청난 변화를 겪는 시기야. 그 변화 덕에 멋지고 긍정적인 경험을 하기도 해. 자유에 대한 갈망, 자립심, 여러 생각의 기술과 지식이 늘어나지. 반면 속상하고 혼란스러운 경험도 해. 나는 청소년기를 초강력 폭풍 변화의 시기라고 불러. 모든 것이 빠르게 변하는 시기거든. 뇌, 마음, 친구, 환경, 두려움, 야망, 꿈, 압박감 등등 여러 가지 변화를 거듭하지. 몸, 외모, 자신에 대해 느끼는 감정 역시 마찬가지야. 십 대들은 어린 시절에는 외모를 그다지 중요하게 생각하지 않았다고들 해. 그러다 중학교에 들어가면서 모든 것이 바뀌는 거지. 물론 개인차가 있어. 자기 신체 변화를 지켜보자면 당황스러울 거야. 뇌가 외모에 갑자기 집중하는 상황 역시 혼란스럽지.

꽤 많은 십 대들이 몸에 관한 문제를 겪어. 만약 네가 다행히 몸이나 외모에 대한 걱정이 없다면, 이 책은 두 가지 면에서 쓸모가 있을 거야. 첫째, 친구들의 문제를 이해하는 데 도움이 돼. 둘째, 몸을 건강하게 가꾸기 위해 유익하고 실용적인 조언을 많이 담고 있어. 건강은 외적인 아름다움보다 훨씬 중요해. 몸이 건강해야 하고 싶은 일을 할 수 있잖아.

외모에 시간과 돈을 많이 들이는 친구들이 있는데, 저는 그러지 않아요. 가끔 호기심이 생기기도 하지만 외모에 돈을 많이 들이는 건 아무래도 다른 사람의 시선을 신경 쓰는 일인 것 같아요. 저는 내가 나를 어떻게 생각하는지가 더 중요해요.

스텔라, 15세

저마다 겪는 다른 어려움

부정적인 신체 이미지 때문에 유독 어려움을 겪는 사람들이 있어. 장애가 있거나 눈에 띄는 차이를 지녔다면 더욱 힘들 수 있지. 섭식 장애와 자해는 부정적인 신체 이미지와 관련이 있을 때가 많아. 성 역할에 의문을 품고 있을 때도 어려움을 겪을 수 있어. 어떤 식으로든 '다르다'는 것, 예를 들어 주변 사람들보다 키가 크거나 작거나, 사고로 몸에 변형이 생겼거나, 체중 변화 때문에 애를 먹거나, 눈에 띄는 '손상' 때문에 놀림이나 괴롭힘을 당하거나, 자기 외모의 어떤 점을 진짜 싫어한다면 외모에 신경을 끄고 사는 일이 정말 어려워지지.

게다가 피부색이 다르거나 다른 민족적 배경을 가진 사람들 사이에서 자란다면 두 가지 '이상적 기준' 사이에서 갈등이 생기기도 해. 함께 시간을 보내는 사람들과 외모가 다르다는 사실은 외모를 더욱 의식하게 만들지.

나는 이 책에서 그런 어려움을 하나하나 따져 볼 생각이야.

 나다운 몸을 위하여
- -

노트를 펼쳐서 아래 문장을 적어 봐. 책에 바로 써도 괜찮고!

"내 몸은 멋져. 왜냐하면 (   ) 때문이야."

빈칸을 몸으로 할 수 있는 멋진 일로 채워 넣는 거야.

이건 현대 사회의 문제일까?

부정적인 신체 이미지는 최근 들어 더 심각한 문제를 일으키고 있어. 인터넷과 소셜 미디어가 큰 역할을 하고 있지. 나는 인터넷과 소셜 미디어가 선한 힘을 발휘할 수 있다는 점도 보여 줄 생각이야. 우리는 욕망을 자극하는 엄청나게 많은 이미지에 무방비로 노출된 채 살고 있어. 그런 이미지는 대부분 성형 수술을 받거나 비싼 값을 치러야 얻을 수 있지. 그런데 그렇게 할 수 없으니 항상 부족하고 불만족스러울 수밖에 없는 것이 우리의 현실이야.

첫째 딸은 스무 살인데, 영화를 보면서 여성 배우들의 체질량 지수(BMI)를 찾아보더라고요. 딸은 영화에 나오는 여성들의 외모가 완벽해서 볼 때마다 우울하다고 했어요. 딸아이의 신체 이미지가 매우 부정적인 거죠. 제 눈에는 완벽해 보이는데도 그래요. 14살인 둘째 딸은 외모에 대해서 여성주의적 시각이 확고하고 고정관념을 아주 싫어해요. 그래서인지 외모에 신경을 쓰지 않는 편이고 큰 애보다 훨씬 자신감이 넘쳐요. 자신감이 적다는 말은 태도나 능력이나 성취보다 이미지에 대한 걱정이 앞선다는 뜻이지요.　　줄리아, 50세

이 책의 목표는 청소년들이 외모 때문에 자신의 삶을 부정적으로 느끼지 않도록 돕는 거야! 소위 말하는 단점들이 있다고 해도 네 몸은 그 자체로 멋지다는 사실을 이 책을 통해 알려 주려고 해. 그건 단점이 아니라 너를 인형이나 로봇이 아닌 개성 있는 한 사람으로 존재하도록 해 주는 너의 일부야.

'지방'이라는 단어에 대하여

'지방'(또는 살)이라는 말은 욕처럼 사용될 때가 많아. 잘못되어도

단단히 잘못되었지! 지방은 몸을 구성하는 자연스럽고 중요한 일부분이야. 우리 몸을 보호해 주고 연료 역할도 하거든. 사람들은 저마다 몸매나 몸집, 몸의 곡선이 모두 달라. 아름다움 역시 다양한 형태와 크기에서 비롯되지.

네 몸의 지방은 많을 수도 적을 수도 있어. 극단적으로 적은 경우라면 체력이 떨어지고 여러 질병에 시달릴 가능성이 있어. 극단적으로 많은 경우도 마찬가지일 거야. 하지만 다른 사람보다 몸집이 크다고 꼭 덜 건강하거나 매력이 덜한 것은 아니야. 몸집이 크면 강해질 수 있어. 날씬한 사람도 건강하지 않은 경우가 많지. 중요한 건 합리적인 범위 안에 있는가야. 그런데 그 범위에 속했는지 판단할 수 있는 사람은 관련 분야의 전문가야. 체중계가 보여 주는 숫자가 다가 아니라 그 범위 안에는 그보다 훨씬 사적이고 복잡한 의미가 있기 때문이지. 체중계에 건강한 사람보다 지방이 많다거나 과체중 혹은 저체중이라고 해석할 만한 숫자가 뜨면 건강한 생활 방식을 알려 줄 전문가를 만나야 해.

> 비만이라는 이유로 다른 사람을 비난하고 공격하는 일은 끔찍해요. 놀림과 모욕은 어떤 상황에서도 해서는 안 되는 일이에요. 나나 콰메, 14세

'팻 셰이밍'이라는 말 들어 봤어? 과체중이거나 비만인 사람을 게으르거나 어리석다고 공격하고 비난하는 말인데, 이는 무지에서 나온 것이고 잔인해. 연구에 따르면 체중에 수치심을 느낀 사람들은 체중이 느는 경향이 있다고 해. 몸을 부끄러워하면 몸을 소중히 다룰 만한 가치가 있다고 생각하지 않을 가능성이 커.

> 저는 늘 엉덩이를 신경 쓰면서 살고 있어요. 13살 무렵 학교를 마치고 집으로 가는데 남자애들 몇몇이 "야, 돼지 엉덩이!" 하고 소리쳤어요. 저는 또래보다 몸집이 큰 편이 아니었어요. 하지만 그 말을 듣자 굉장히 당황스러웠고, 그 애들의 목소리가 뇌리에 콱 박혔지요. 그 말은 사실이 아니고 그 애들이 못되게 군 거라고 되뇌었지만 머릿속에서 다른 목소리가 그 애들의 말을 되풀이했어요. 시간이 흘러, 친구들과 남편은 제 몸을 칭찬해 줬어요. 하지만 저는 아직도 그 말 대신 40년 전 남자애들이 비웃으며 하던 말을 믿고 있어요. 지금도 몸에 꼭 맞는 청바지나 레깅스를 입으면 긴 상의를 입어서 엉덩이를 가려요.   사라, 53세

'지방'이나 '살'이라는 말 자체는 욕도 비난도 아니야. 지방과 살은 우리 몸의 일부니까. 몸의 특정 부위에 지방이 있는 것은 자연스럽고 건강한 거야. 걱정하거나 불안해하거나 없애버릴 필요 없어.

부끄러워할 일도 아니야.

이 책을 읽으면 어떤 일이 벌어질까?

1부에서는 뇌가 신체 이미지를 어떻게 만들어 내는지 설명하고, 더 나은 신체 이미지를 얻을 수 있는 방법을 소개할 거야. 이 책은 실제 몸뿐만 아니라 마음이 몸을 어떻게 보는지에 관한 내용도 담고 있어. 2부에서는 몸을 긍정하고, 건강한 몸을 만들기 위한 실제적이고 현실적인 방법에 관해 이야기할 거야.

이 책은 활기차고 생기 있는 삶을 살고, 좋은 음식을 먹고 즐기며, 몸을 더 건강하고 튼튼하게 가꿀 수 있도록 돕는 안내서야. 몸과 마음이 행복한 삶을 오랫동안 누리기 위해 필요한 모든 것을 담았지. 자신이 어떻게 보일지에 대한 걱정은 덜고, 몸으로 할 수 있는 것에 더욱더 관심을 쏟도록 도와줄게. 멋진 외모를 꿈꾸는 것도 꽤 괜찮은 일이야. 그런 소망이 몸을 진심으로 존중하는 데에서 나온다면 얼마든지! 하지만 가짜로 꾸며 낸 이상적 기준을 흉내 내려고 말도 안 되는 목표를 세우거나 남과 비교하려 해서는 안 돼.

우리는 몸에 책임감을 느껴야 해. 누군가 그래야 한다고 말하기 때문이 아니라 자신을 존중하기 때문에 좋은 선택을 하려는 책임감 말이야. 수영대회에서 1등을 하겠다는 큰 결단이든 오늘 일단 수영장에 가겠다는 작은 결심이든 우리의 선택은 큰 차이를 만들어. 선택은 우리의 몸과 마음에 변화를 일으키지. 몸과 마음은 아주 밀접하게 연결되어 있기 때문이야.

이 책은 왜 몸을 위해 좋은 선택을 해야 하는지, 어떻게 좋은 선택을 할 수 있는지 알려 주고 몸을 긍정적으로 보고 멋진 몸을 만들어 갈 수 있도록 힘을 줄 거야!

1부

나는 왜 내 몸을
좋아하지 않을까?

1부에서는 마음이 신체 이미지를 만들어 내는 방식과 긍정적인 신체 이미지가 중요한 이유를 알아보고, 부정적인 신체 이미지를 갖게 만드는 것이 무엇인지도 살펴볼 거야. 우리를 힘들게 하는 상황을 잘 들여다보면 긍정적인 신체 이미지를 갖지 못하게 방해하는 요소가 무엇인지 파악할 수 있어. 너에게 맞는 긍정적 신체 이미지를 갖도록 도와줄 현실적인 전략과 함께 마음을 다스리는 법도 배울 수 있을 거야.

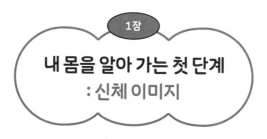

신체 이미지가 뭘까?

　신체 이미지란 '사람들이 나를 어떤 모습으로 볼까?'라는 질문에 마음속으로 떠올리는 답이야. 여기서 '마음속으로'라는 말을 사용한 건 밖으로 소리 내 말하지 않기도 하고 말로 표현하기도 어려워서야. 신체 이미지는 언어보다 그림에 가깝거든.

　신체 이미지는 주변 사람들을 포함해서 아주 다양한 것에 영향을 받아. 주변 사람들이 자신보다 나이가 많은지 적은지, 키가 큰지 작은지, 말랐는지 살집이 있는지, 피부색이 어떤지, 눈에 띄거나 다른 외모를 지녔는지 등등 주변 사람들의 외모는 마음속으로 자신을 바라보는 방식에 상당히 큰 영향을 미쳐.

우리 할머니는 십 대 초반이었던 저에게 엉덩이를 조심해야 한다는 말을 자주 했어요. 몸무게가 너무 늘어 몸집이 커지지 않도록 신경 쓰라는 뜻이었죠. 저는 제 몸매가 싫다는 생각을 자주 했어요. 지금 저는 49살이고 아직도 제 몸매가 별로예요. 할머니에게 그런 말을 한 까닭을 묻고 싶어요. 그때로 돌아간다면 나 자신에게 정말 멋지다고 말해 줄 거예요. 나에게 가혹했던 과거의 내가 끔찍하게 부끄럽다고 얘기해 줄 거예요. 몸은 다른 사람에게 인정받기 위해서가 아니라 내가 원하는 것을 하기 위해서 존재해요.

프랜시스, 49세

외모가 눈에 띈다는 건 신체 이미지에 아주 큰 영향을 미치는 요소야. 자주 어울리는 사람들 사이에서 두드러진다는 것은 자신의 겉모습을 부정적으로 느끼게 해. 물론 튀고 싶어 하는 사람도 있지. 그런 사람들에게는 두드러진 면이 긍정적인 느낌을 주기도 하지. 즉, 외모가 눈에 띈다는 것은 신체 이미지에 긍정적이기도 하고 부정적이기도 해.

'긍정적' 또는 '부정적' 신체 이미지가 뭐지?

긍정적인 신체 이미지를 지닌 사람들은

✦ 자신의 외모에 만족해. 자기 모습을 존중하고 외모는 능력이
  나 성품만큼 중요한 건 아니라고 생각하지.

✦ 자신의 신체 치수나 겉모습을 꽤 정확하게 인식하고 있어. 예
  를 들면, 날씬하면서 과체중이라고 생각하거나 보통 크기의
  코를 비정상적으로 크다고 생각하지 않아.

✦ 다른 모습이길 꿈꾸면서 시간을 허비하지 않아.

긍정적인 신체 이미지를 가진 사람은 어떻게 보일지보다 무엇을
할 수 있는지에 집중해.

> 사람들이 제 외모에 대해 이러쿵저러쿵 말해도 별로 신경
> 쓰지 않아요. 외모로 사람들의 인정을 받거나 친구를 사귈
> 생각도 하지 않고요.　　　　　　　　　　　찰리, 13세

부정적인 신체 이미지를 지닌 사람은

✦ 한 가지 이상의 이유로 자신의 몸을 싫어해.
✦ 자신의 몸이 실제 모습보다 어떤 면에서는 '더 나빠' 보인다고
  생각해.
✦ 외모에 관해 부정적인 생각을 하면서 많은 시간을 보내.

부정적인 신체 이미지를 가진 사람은 음식을 제한하거나 화장품
이나 시술에 지나치게 많은 돈을 쓰기도 해. 반대로 자신이 가치 없
다는 생각에 젖어 자신을 돌보지 않는 경우도 있어.

> 지금은 혼혈인들이 많지만 1960년대 런던의 초등학교에는
> 저 같은 사람이 아주 드물었어요. 남동생과 저는 누가 봐도
> 생김새가 완전히 달랐죠. 아이들은 제 피부를 만져 보고 싶어
> 했어요. 이상하게 혹은 신기하게 여겼죠. 다른 혼혈인들처럼
> 저는 이쪽도 저쪽도 아니라는 생각에 늘 혼란스러웠어요.
>
> 캐서린, 75세

신체 이미지는 어떻게 만들어질까?
과연 믿을 만한 것일까?

다시 말하지만, 신체 이미지는 다른 사람이 나를 어떻게 볼까 하는 물음에 대한 나의 생각이야. 신체 이미지는 태어나면서부터 천천히 형성되고 계속 변해. 사람들이 하는 말, 주변의 이미지나 관찰한 것에 영향을 받기도 해. 또 자신의 의견과 감정을 통해 걸러지기도 하지.

너는 사춘기가 시작되면서 변해 가는 몸과 얼굴을 거울과 사진을 통해 많이 봤을 거야. 주변 사람들과 자기 외모를 비교하기도 했을 거고. 마음속의 이미지 또한 네 주변의 다양한 신호에 따라 매일 끊임없이 바뀌는 중이야.

이 모든 것은 마음의 작용이야. 그런데 곧 깨닫겠지만 네 마음이 측정하는 건 완벽하지 않아.

저는 어릴 때부터 키가 아주 컸는데, 그것 때문에 놀림을 많이 당했어요. 지금도 가끔 짜증이 나요. 눈에 띄느니 존재감이 없는 편이 낫다고 생각해요. 세상은 평균적인 사람들 중심으로 돌아가잖아요. 그 속에 저는 포함되지 않고요. 그래서 힘들어요.

해리스, 14세

신체 이미지는 이렇게 만들어져

거울

대부분의 사람은 자신에 대한 마음속 그림을 만들기 위해 거울을 보면서 정보를 얻어. 아주 어렸을 때부터 우리는 하루에도 몇 번씩 거울을 봐. 하루에 몇 번이나 보는지 세어 봐. 그리고 다음 날, 거울 보는 횟수를 절반으로 줄이는 거야. 그리고 거울을 보기 전에 외모에서 좋아하는 부분 한 가지를 떠올려 봐. 거울을 봐야겠다 싶으면 그 부분을 떠올리는 거야. 만족하는 부분에 집중할수록 좋아하지 않는 부분을 생각하는 횟수가 줄어. 생각은 바꿀 수 있어. 한 번에 한 가지씩 생각을 바꿔 보자.

감각

거울이 아닌 다른 방법으로도 우리 몸을 볼 수 있어. 코나 귀나 머리카락은 만질 수 있고 허리나 허벅지는 더듬어 볼 수 있지. 시각을 잃은 사람들도 신체 이미지를 가지고 있어. 마음속에 자신의 모습에 대한 그림이 있는 거야.

사진

카메라는 거짓말을 해. 그림자와 빛과 각도 등으로 실제와는 다른 이미지를 만들어 내거든. 때로는 조화롭지 않은 부분이 부각되기도 해. 내 얼굴은 비대칭이 심한 편인데 거울보다 사진에서 훨씬 두드러져 보여.

동영상

이것 역시 믿을 수 없어. 사람들은 대개 카메라를 의식하기 때문에 자연스럽지 않은 모습으로 찍히기 쉬워. 사진과 마찬가지로 동영상도 조명과 그림자 때문에 실제 모습과 큰 차이가 생겨.

지금까지 말한 측정 방식들은 아래에 소개하는 흥미진진한 요소들에 비하면 꽤 단순한 편이지.

확증 편향

우리는 자기 의견을 확실히 뒷받침해 주는 것만 보려는 경향이 있어. 그게 바로 확증 편향이야. 구체적으로 설명해 볼게. 사람은 왜곡된 필터를 통해 자신을 봐. 예를 들면, 평소에 '나는 과체중이야' '내 턱은 끔찍해'라고 생각한다면 사진이나 거울을 볼 때 그 부분을 주로 보는 식이지. 만약 사진이나 다른 각도에서 훨씬 예뻐 보인다면 우리는 그걸 우연히 얻은 결과라고 여기면서 인정하지 않아. 그러고는 단점이라고 생각하는 부분이 드러난 다른 사진이나 이미지를 보면서 역시 자기 생각이 옳았다고 고개를 끄덕이지.

다른 사람이 하는 말, 특히 부정적인 말

누군가가 너의 외모에 대해 부정적인 말을 했다면, 그 말이 네 마음속 이미지를 훼손하기도 해. 대부분의 사람은 누군가에게 들은 부정적인 말을 마음에 담아 둬. 나에게도 두 가지가 있어. 하나는 울퉁불퉁한 무릎인데, 내가 다녔던 학교에서는 무릎 바로 위 길이의 치마를 입어야 했어. 무릎이 울퉁불퉁한 사람에게는 그야말로 치명적인 교칙이었지 뭐야! 나도 내 무릎이 맘에 들지 않았는데 몇몇 친구들이 무릎에 대해 한마디씩 했고 난 그게 너무 끔찍했어. 또 하나는 밋밋한 가슴이야. 나는 또래들보다 작고 말라서 나만 달라 보이는 게 싫었어. 친구들도 은근히 놀렸지. 지금이야 사람마다 신체 사이즈가 제각각이고 가슴 크기 같은 건 아무런 의미가 없다는 사실을 잘 알고 있지만, 그때는 사람들의 말 한 마디 한 마디가 끔찍할 정도로 강력하게 작용했지.

> 사람들이 제 몸에 대해 이러쿵저러쿵하는 말을 듣지 않으려고 애쓰지만, 때로는 제가 쌓아 둔 '벽'을 뚫고 전달되기도 해요. 가끔 제 모습을 보면 화가 나요.　　　케이드, 15세

부정적인 말이 전부 큰 문제가 되는 건 아니지만, 섭식장애를 겪거나 자기 몸 때문에 불안감을 느끼는 사람들은 그 원인을 '누군가

의 말'에서 찾을 때가 많아. 그리고 부모님이 이혼한다거나, 관계 때문에 불안하거나, 사춘기를 겪는 등등 어려운 상황에서 그런 말을 듣는다면 문제를 계속 안고 살아갈 수도 있어. 이 내용은 '섭식장애와 자해' '신체이형장애'에 관해 이야기하는 장에서 더 자세히 다룰 거야.

> 중학교 1학년 때, 저는 못생기고 뚱뚱하고 머리가 마녀 모자 같다는 말을 들었어요. 한동안 사람을 만나기가 무서워서 피해 다녔어요.
>
> 마리아, 15세

다른 사람이 진심인지에 대한 판단

부모님이나 보호자가 너에게 부족한 점이 없다고 말한다면 너는 '내 부모님이니까 그렇게 말하는 거야'라고 생각할지도 몰라. 사람들은 가족이나 베프의 칭찬은 믿지 않으면서 낯선 사람이나 별로 좋아하지 않는 사람의 말은 그대로 믿어. 뭔가 이상하지 않아?

> 제 딸은 15살인데, 어릴 때 길고 탐스러운 금발에 파랗고 커다란 눈과 긴 속눈썹을 지닌 그림처럼 완벽하게 예쁜 아

이였어요. 모르는 사람들도 딸의 외모를 칭찬했을 정도였죠. 4살 무렵 딸이 어린이집에서 돌아왔는데 속눈썹이 잘려 나갔더라고요. 지금도 그때 생각을 하면 가슴이 떨려요. 딸은 사람들이 자기 머리카락을 만지면서 공주라고 부르지 않았으면 좋겠다고 화를 냈어요. 이제 십 대가 된 딸아이는 또래 사이에서 유행하는 인형 같은 모습을 거부해요. 짧은 머리에 화장도 하지 않고 몸매가 드러나는 옷이나 짧은 치마도 입지 않아요. 　　　　　　　　　　프랜시스, 45세

기분

우리는 기분이 우울할 때 자신을 훨씬 부정적으로 봐. 인생이 잘 풀리거나 성취감을 느낄 때는 외모에서 좋아하지 않는 부분을 잊어버릴 수 있어. 우울증을 겪는 사람들은 부정적인 생각 속에 파묻혀 지내는 경우가 많아. 부정적인 생각 중에 외모가 포함된다면, 기분이 최악일 때는 외모가 더더욱 거슬리겠지. 주변에 무기력한 사람이 있다면, 기분이 생각에 영향을 끼친다는 사실을 알려 주면 도움이 될 거야. 당연한 이야기지만 그런 당연한 이야기가 문제를 해결할 때가 많아.

기분은 신체 이미지에 영향을 미쳐. 만약 기분이 좋지 않다면 기분을 끌어 올릴 만한 건강한 활동을 해 봐. 활동하는 동안 잠깐 기분이 나아지는 일도 좋겠지만, 좋은 기분을 계속 유지할 수 있는 일을 해 보는 거야. 산책을 한다거나, 친구를 만난다거나, 앉아서 햇볕을 쬔다거나, 기분 좋아지는 영화를 볼 수도 있지.

호르몬

소녀들이나 여성 중 일부는 생리 전이나 생리 중에 신체에 대해 부정적으로 느끼기도 해. 여성 호르몬이 자신을 바라보는 방식에 변화를 줄 수 있거든. 남성 호르몬도 비슷한 작용을 하는지는 아직 알려진 바가 없어.

우리는 주변의 많은 것들에 쉽게 휘둘리고 자기 몸을 객관적으로 보는 데 서툴러! 진짜 그렇다니까! 이 부분은 꽤 흥미로워서 더 자세히 이야기해 보려고 해.

뇌도 제대로 이해하지 못하는 것

우리 뇌는 '고유 수용성 감각'이라는 능력을 갖추고 있어. 눈으로 보지 않고도 우리 몸의 각 부위가 어디 있는지 느낄 수 있는 능력인데, '위치 감각'이라고도 불러. 잠깐 눈을 감고 양손을 내밀어 봐. 너는 손이 어디쯤 있는지, 어느 정도 크기인지 정확히 알 수 있을 거야. 고유 수용성 감각 덕분이지. 걷거나 뛸 때 제대로 움직이는지 확인하기 위해 발을 쳐다보지 않아도 되는 이유도 그 때문이야. 고유 수용성 감각은 이상 작용을 일으키기도 해. 그 때문에 팔다리를 절단한 사람이 여전히 팔다리가 그 자리에 남아 있는 것처럼 느끼는 일이 생겨. 이런 증상을 '환상사지 증후군'이라고 불러. 환상사지 증후군은 신체 이미지가 눈으로 보는 것에서만 비롯되는 것이 아니라는 사실을 증명해 줘. 다리를 절단했는데도 다리가 있다고 느끼는 사람은 다리가 없다는 것을 눈으로 확인할 수 있잖아. 전문가들도 정확한 원인을 모른 채 뇌에서 뭔가 복잡한 일이 벌어진다고 추측할 뿐이야.

뇌는 정말 놀라워!

앨리스 증후군이라는 질환이 있는데, 두 가지 다른 증상을 경험하는 질환이야. 앨리스 증후군을 겪는 환자는 자신이 엄청나게 크거나 작다고 느끼거나, 사물이 아주 멀리 있는 것처럼 느끼기도 해. 나도 어렸을 때 고열에 시달리다가 이런 증상을 경험했어. 지금도 그 기억이 아주 생생해. 편두통과 함께 겪는 발작 증상일 수도 있고,『이상한 나라의 앨리스』의 작가 루이스 캐럴이 이런 증상을 경험했다는 이야기도 있어. 사실 건강한 사람들도 자기 신체를 정확히 측정할 방법은 없지.

연구에 따르면 대부분의 사람은 자신의 몸집이 다른 사람보다 크다고 생각해. 유니버시티 칼리지 런던에서 한 연구를 진행했어. 실험 참가자들에게 한 손을 판자 아래에 놓아서 보이지 않도록 하고 손의 각 부위를 짐작해 판자 위에서 가리키도록 했어. 평균적으로 사람들은 자기 손이 실제보다 3분의 2가량 더 넓고 3분의 1가량 더 길다고 추측했어.

문화 때문에 생기는 차이도 있어. 자기 체중을 얼마나 정확하고 긍정적으로 판단하는지 알아보기 위한 연구에서 아프리카계 미국인 여성들이 백인 여성들보다 더 정확하고 긍정적인 신체 이미지를 가지고 있다는 사실이 드러났어. 그런데 다른 연구에서는 다양한 문화적 배경에서 자란 여성들이 마른 몸을 이상적인 기준으로 삼고 자신을 실제보다 뚱뚱하다고 생각한다는 사실을 보여 줬지. (이런 연구들은 실험 참가자들의 전형적인 모습을 보여 줄 뿐이야. 이와 다른 사람들도 많을 거야.)

뒤에서 신체이형장애에 관해 이야기할 텐데, 이 장애를 겪는 사람들은 자신이나 자기 신체 일부를 '혐오스럽다'고 생각해. 실제로 아주 평범한 외모를 가지고 있는데도 말이야.

2년 전 둘째를 낳은 뒤에 복부 피부가 늘어나고 심하게 처졌어요. 아무리 운동을 하고 식단을 조절해도 늘어난 뱃살은 어떻게 되지 않더라고요. 1년 전쯤에 또 임신했냐는 이야기를 들었어요. 너무 속상하더라고요. 저는 평생 몸무게를 신경 써 본 적이 없었어요. 이런 고민은 완전히 새로운 영역이었지요. 최근에 마라톤 대회에 참가해서 3시간 49분 만에 완주했어요. 그런데 지금은 사람들이 제 배를 보고 '저런 뚱뚱한 몸으로 어떻게 달릴 수 있지?'라고 생각할지도 모른다는 어이없는 걱정을 하고 있어요. 저는 왜 다른 사람들의 생각을 걱정하는 걸까요? 여성이 매력적으로 보이려면 날씬해야 한다는 끔찍한 고정관념에 사로잡힌 걸까요?

엘리노어, 38세

🖤 나다운 몸을 위하여

자신의 몸을 칭찬해 봐. 구릿빛 피부, 공을 잘 던지거나 차는 등 너의 장점에 관심을 기울이고 자랑스럽게 여기는 거야. 정직, 친절, 결단력, 회복력, 아이디어 등 보이지 않는 능력에도 칭찬을 아끼지 마.

종이 위에 자신의 장점을 두세 개 써서 거울에 붙여 놓자. "나는 좋은 친구다" "나는 다른 사람의 얘기를 잘 듣는다" "나는 상상력이 뛰어나다" "나는 수학을 잘한다" "나는 빨리 달릴 수 있다" 등등 장점이 아주 많을 거야.

주변 사람들과의 무의식적인 비교 – '연속 의존성'

연속 의존성Serial dependence은 흥미로운 개념이야. 특정한 형태의 몸을 계속 봤다면, 가령 평균보다 마른 몸을 많이 봤다면 네 몸을 (또는 다른 사람의 몸을) 뚱뚱하다고 판단할 가능성이 커.

103명의 심리학 전공 여학생들에게 사진을 보여 주면서 얼마나 뚱뚱한지 혹은 말랐는지 의견을 묻는 실험이 이런 상황을 잘 보여 줘. 결과는 이전 이미지에 크게 영향을 받았어. 몸집이 큰 사람의 사진을 본 사람은 몸집이 작은 사람의 사진을 본 사람보다 그다음 사진의 이미지를 '더 날씬'하다고 평가했어.

연속 의존성은 많은 사람에게 영향을 끼쳐. 만약 나보다 날씬한 사람들과 시간을 많이 보내거나, 온라인에서 마른 사람들의 이미지를 계속 본다면 나를 그런 이미지와 비교하면서 실제보다 몸집이 크다고 생각할 가능성이 높아.

모든 것은 상대적이야. '큰' 몸이나 '작은' 몸은 없어. 단지 특정 사람들보다 '더 크거나 더 작거나' 할 뿐이야. '특정 사람들'은 너에게 익숙한 사람들일 거고.

대중 매체와 광고에서 보여 주는 이미지와의 비교

마지막으로, 신체 이미지에 가장 해로운데도 불구하고 사람들이 굳게 믿는 것이 있어. 바로 디지털 기술로 조작된 비현실적으로 '완벽한' 이미지야. 이 문제는 굉장히 중요해. 그래서 다음 장에서 따로 다루려고 해.

부모님과 다른 어른들도 책임이 있을까?

이 책을 쓰기 위해서 여러 사람에게 생각과 경험을 들려 달라고 부탁했어. 부모님의 말에 부정적인 영향을 받았다는 사람이 많아서 꽤 놀랐지. 부모는 자녀의 몸무게에 심한 불안감을 느끼고, 굉장히 쉽게 (그리고 뜻하지 않게) 자녀가 신체 이미지를 부정적으로 느끼게 할 만한 메시지를 전달해. 부모는 자녀가 건강한 체중의 범위 안에 머물도록 도울 책임이 있지만, 그 때문에 부정적인 말을 하고 아이를 화나게 하고 음식에 대해 건강하지 못한 태도를 갖게 하면 안 돼.

저는 항상 몸집이 크다고 생각했어요. 늘 친구들이나 언니보다 키가 컸거든요. 그래서인지 사람들에게 한마디씩 듣기 일쑤였지요. 저는 예민한 아이였고 늘 있는 듯 없는 듯 배경처럼 지내고 싶었어요. 12살 때 가족 모임에서 삼촌이 제 키를 두고 농담을 했어요. 신발 가게에서는 매장 직원이 웃으면서 스키 매장에 가 봤냐면서 거기에 맞는 사이즈가 있을 거라고 했지요. 학교 연극에서는 남자 역할을 맡았고, 단체 사진에서는 항상 맨 뒷자리로 가라는 말을 들었어요. 정말 부끄러웠어요. 그때 찍은 사진들을 보면 저는 그렇게 튀는 외모가 아니에요. 그냥 사랑스러운 아이였죠. 15살 무렵에 키가 180cm였는데 주변에서 격려해 줬다면 패션모델이 되었을지도 몰라요. 저는 구부정한 자세로 키가 작아 보이려 애썼고, 날이 갈수록 불안해서 마음을 달래기 위해 먹어 대기 시작했어요. 그때부터 몸무게가 오르락내리락했어요.

헤이즐, 18세

부모님들도 신체 이미지로 고통받기는 마찬가지야. 심지어 자녀의 몸무게를 언급하지 않으면서 부정적인 메시지를 전달하기도 하지. 너도 아마 많이 들어 봤을 거야. "휴가 전에 살을 빼야겠어." "세상에, 여기 살 접히는 것 좀 봐." "오늘 얼굴 진짜 엉망이네." "그 케이크는 안 먹을래. 한 입만 먹어도 다 배로 갈 거야."

> 제 신체 이미지는 엄마에게 영향을 받았어요. 제 몸이 자기를 닮았다는 엄마의 말에 인생을 지배당했지요. 십 대가 되기 전이었을 거예요. 엄마랑 쇼핑하러 갔는데, 엄마가 몸집이 굉장히 큰 여자를 가리키더니 자기가 저 사람만큼 뚱뚱하냐고 묻더라고요. 엄마의 태도와 말은 저에게 그대로 전해졌고, 엄마는 자신의 불안감을 저에게 전염시켰어요.
>
> 대럴, 16세

만약 자녀들이 음식을 건강하게 대하기 원한다면, 그러니까 음식을 즐기면서 다양한 종류를 먹고, 가족과 친구와 함께 즐겁게 식사를 하고, 좋은 음식을 통해 몸과 뇌에 영양을 공급할 줄 아는 사람으로 자라기를 원한다면 부모님이 먼저 모범을 보여야 해.

만약 부모님이 자기 몸에 대해 부정적으로 말한다면, 대화를 요청하고 토론을 해 보자.

♥ 나다운 몸을 위하여

다른 사람이 (자신이나 다른 누군가의) 외모를 평가한다면, 대화를 외모가 아닌 '성격'과 '성취'에 관한 내용으로 바꿔 보자. 부모님이나 다른 어른이 "아, 나 오늘 정말 뚱뚱해 보여!" 같은 말을 하면 대화를 요청하는 거지. 집에서, 친구들과 함께 있을 때 살에 관해 말하는 것을 금지해 봐. 사람들이 외모에 대해 얼마나 자주 말하는지 알아차리게 해 주는 거지. 겉모습이 아닌 진실된 생각과 마음에 집중하는 대화의 혁명을 시작하는 거야!

학교에서 실시하는 '건강한 식사'를 장려하는 프로그램에 대해서도 비판적으로 볼 필요가 있어. 물론 좋은 선택을 하는 법을 교육하는 일은 정말 중요해. 문제는 건강하지 않아 보이는 것들을 제거하는 방식으로 실시하고 있다는 데 있어. 선택 항목을 없앤다고 해서 좋은 선택을 할 수 있는 건 아니야. 그런 방식은 몇몇 식품을 금지된 것으로 여기게 하고, 그 결과 더 끌릴 가능성을 키워. 금지된 식품을 '보상'으로 활용할 수 있거든. 이런 상황은 음식에 대해 죄책감을 느끼게 하기도 해.

건강한 식사의 조건은 좋은 음식을 즐기면서 상황에 맞고 몸이 필요로 하는 음식을 폭넓게 선택할 수 있는 거야.

긍정적인 신체 이미지는 왜 중요할까?

몸무게를 예로 들어 볼게. 신체 이미지를 생각할 때 대부분의 사람이 떠올리는 단어가 바로 몸무게잖아. 부정적인 신체 이미지는 과체중을 유발해 문제를 일으키는 경우가 많다는 연구가 수두룩해.

이건 여자들만의 이야기가 아니야

십 대 소녀들이 수영이나 수업 중 발표하는 활동 등을 꺼리는 이유가 몸무게에 만족하지 못하기 때문이라는 사실을 보여 주는 연구들이 있어. 소년들도 마찬가지지만, 소년들보다 소녀를 대상으로 한 연구가 훨씬 많이 실시되었지. 신체 이미지 문제는 여성들에게서 더 흔하게 관찰되기 때문이야. 하지만 소년들 역시 문제를 겪고 있어. 신체 이미지는 여자들만의 문제가 아니야! 누구에게나 신체 이미지가 있어. 대부분의 사람은 신체 이미지 때문에 불행하다고 느끼고 자존감이 낮아지는데 이 때문에 일상생활에 문제가 생기기도 해.

신체 이미지는 자존감뿐만 아니라 식생활과 운동, 친구 관계 등 웰빙(몸과 마음의 건강을 통해 행복을 추구하며 살아가는 일)의 모든 요소에 영향을 줘. 그리고 웰빙은 우리가 열망하고 무언가를 이뤄 내는 방식에 영향을 끼쳐. 이 모든 것은 결국 우리가 신체 이미지를 어떻게 갖고 있느냐에 따라 달라져.

외모는 진짜 가치가 아니야

신체 이미지가 현실과 약간 다른 건 큰 문제가 되지 않아. 하지만 크게 다르다면 문제를 겪을 수 있지. 몸집이 크지 않은데도 자신이 너무 크다고 생각한다면, 지나치게 조금 먹(어서 체중을 너무 많이 빼)거나 과하게 운동하(면서 또 체중을 너무 많이 빼려다가 관절이 상하)거나 몸무게에 대해 생각하고 걱정하는 데 에너지와 시간을 쏟느라 삶의 다양한 면을 즐기지 못할 수도 있어. 신체 특정 부위에 살이 너무 많거나 적다고 생각하거나 외모에서 만족하지 못하는 부분이 있다면 스트레스를 많이 받을 거야.

자신의 가치를 외모를 기준으로 정한다면, 자신을 공정하게 대하기 힘들고 부당한 자기혐오나 바람직하지 못한 자기비판에 휘둘릴 수 있어. 사랑받을 자격이 없다거나 성공하지 못할 거라고 생각할 수도 있지. 정말 잘못된 생각이야.

멋지고 재능 있고 단단하고 가치 있는 한 인간으로서의 잠재력 대신 몸에만 집중한 채로 몇 시간, 몇 달, 몇 해를 보내면서 엄청난 에너지를 쓰고 좋은 능력들을 묵힐 수도 있어.

이 책을 읽고 그런 생각을 멈추면 좋겠어. 이 책은 사람들이 부정적인 신체 이미지 때문에 겪는 문제들을 다루고 있어. 이 책을 읽는 네가 그런 문제에 시달리고 있지 않기를 바라지만, 만약 그런 상황이라면 이 책이 도움이 되었으면 해. 주변에 이런 문제로 고민하는 친구가 있다면 그 친구를 이해하는 데에도 도움이 될 거야.

어떤 특별한 모습으로 보이고자 하는 마음은 문제 될 게 없다고 생각해요. 다만 그런 마음은 다른 사람이 아닌 자신을 위한 것이어야 해요.　　　　　　　　　　　　　　니나, 14세 신체 이미지는 세상이 나를 어떻게 볼지에 대한 생각이야. 그 이미지는 거울과 사진으로 본 나의 모습, 사람들이 하는 말, 주변 사람들과 나를 비교하면서 드는 생각, TV와 온라인에서 본 이미지 등 수많은 정보가 우리 마음속에 쌓여서 만들어져. 우리의 신체 이미지는 대개 정확하지 않고 오류가 많아.

우리는 외모를 그다지 중요하지 않은 것으로 생각해야 하지만 사실 그렇게 하기 어려울 때가 많아. 그럴 때는 우리 마음과 주변 세계에서 벌어지는 일에 대해서 폭 넓게 이해하려고 노력해 봐. 그러면 우리의 몸을 자신만의 눈으로 볼 수 있게 될 거야. 몸으로 엄청나게 많은 일을 할 수 있기 때문에 너의 몸은 멋져. 어떤 모습이냐는 무엇을 할 수 있느냐보다 '덜' 중요해.

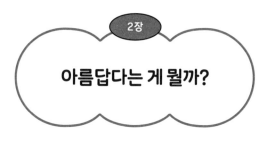

2장

아름답다는 게 뭘까?

"아름다움은 보는 사람의 눈 속에 있다"라는 말 들어 본 적 있을 거야. 2천 년도 더 된 말이지. 철학자 플라톤이 기원전 360년경에 한 말인데 지금도 여전히 유효해. 무엇이 아름다운지는 각자의 사고 방식과 눈에 보이는 것을 어떻게 판단하느냐에 따라 달라져. 우리는 우리가 살아가는 시간과 문화의 산물이지. 즉, 아름다움의 판단 기준은 시간과 문화에 따라 변하기 마련이야.

♡ 나다운 몸을 위하여

"아름다움은 보는 사람의 눈 속에 있다"라는 말의 의미를 보여 주는 포스터를 만들어 보자. 그 말에 담긴 진리는 모든 사람은 좋아

취향과 의견, 유행은 시간이 흐르고 문화가 섞이면서 변하기 마련이라는 사실을 우리는 잊을 때가 많아. 취향과 의견은 '진실'이 아니라는 점을 기억하자.

미디어, 광고, 예술, 패션 산업은 우리에게 이상적인 모습을 제시하면서 그것을 열망하도록 세뇌해. 개중에는 건강한 열망도 있어. 더 빨라지고 강해지려는 열망이 그렇지. 다른 사람의 시선 때문에 피부색을 바꾸려고 한다거나, 더 날씬해지려고 음식을 거부한다거나, 다른 이들이 바라는 모습이 되기를 원한다거나 하는 덜 건강한 열망도 있을 거야.

> 신체 이미지는 미디어에서도 영향을 받긴 하지만 저 같은 경우는 친구들에게서 영향을 받는 것 같아요. 마르코스, 14세

단 하나의 진짜 이상적인 몸매나 피부색이나 외모는 존재하지 않아. 그저 다 유행일 뿐이지. 모델이나 배우의 사진을 보면서 그 사람들의 외모를 부러워한다면 아름다움의 보편적 정의와는 거리가 먼

주관적이고 이상적인 기준의 피해자가 된 셈이야. 그런 '이상적인 미의 기준'은 우리가 살아가는 시대나 문화와 관련이 있어. 딱 거기까지라는 뜻이야.

각 문화와 세대에는 고유의 '이상적인 미의 기준'이 있어. 그런 '멋진 모습'에 동시대의 사람들은 매력을 느끼고 그렇게 되기를 갈망하지.

♡ 나다운 몸을 위하여

도서관에 가서 수 세기에 걸친 예술을 다루는 책을 빌려 보자. 21세기에 속하지 않는 다른 이상적인 기준을 갖춘 몸에 대해 조사해 보는 거야.

지금부터 이상적인 모습이 수 세기에 걸쳐 어떻게 변했는지 예를 들어 볼게.

변화에 변화를 거듭한 여성에 대한 미의 기준

미국과 유럽에는 미에 대한 여러 유행이 나타났다 사라졌는데, 대부분 여성을 대상으로 적당히 살집이 있는 풍만한 몸매를 아름답다고 여겼어. 17세기 네덜란드 화가 루벤스의 그림을 봐. 루베네스크 rubenesque라고 불리는 풍만한 스타일은 현재 기준으로 보면 몸집이 꽤 큰 여성들을 묘사하고 있어.

19세기 미국에서 찰스 다나 깁슨이 그린 허리가 가늘고 가슴이 큰 여성들은 '깁슨 걸스'라고 불렸어. 실제로 그런 몸매를 가진 여성은 존재하지 않아. 여성들은 코르셋을 입어서 그림 속 여자처럼 허리를 인위적으로 조여야 했어.

비슷한 시기 영국 빅토리아 시대의 여성들도 코르셋을 입었는데, 누군가가 등 부분에 달린 끈을 당겨서 조여 줘야 했어. 당시 여성들은 이 때문에 기절하는 일이 흔했어. 시도 때도 없이 기절하는 '가녀린' 빅토리아 시대 여성은 보정 속옷의 피해자였던 셈이야! 이런 유행 때문에 여성들은 내부 장기에 손상을 입기도 했고, 자유롭게 움직이거나 운동을 하지도 못했어.

1920년대에 들어서면서 변화가 일어나는데, 여성들은 가슴을 평평하게 만드는 브라를 입었어. 옷도 말라 보이고 소년처럼 보이도록 디자인했지.

이런 모습은 1930년대부터 1950년에 이르는 동안 점차 사라졌어. 당시는 마릴린 먼로의 풍만한 몸매가 새로운 미의 기준으로 떠오르던 시기이기도 해. 광고에서는 여성들에게 체중을 늘리라고 권장했지. 한 광고 포스터에는 여성이 "말랐을 때는 남자들이 나를 거들떠보지도 않았어요. 몸무게가 5kg 늘자 원하는 사람들과 데이트

아름다움의 기준은 바뀐다

1600년대 루벤스의 아내 초상화

1800년대 찰스 깁슨이 그린 여성

1920년대의 운동하는 여성들

1960년대 패션 카탈로그

를 할 수 있게 되었지요"라고 말하는 모습이 그려져 있었지.

그러고 나서, 유행은 아주 마른 몸으로 되돌아갔어. 1960년대에서 70년대까지 서양 패션을 따르는 나라에서는 옅은 피부색의 병약해 보이고 지나치게 마른 몸매가 유행했어. 70~80년대에는 햇볕에 짙게 그을린 피부와 크게 부풀린 '풍성한 머리 모양'이 유행했고, 체력 단련 열풍이 불면서 날씬한 몸매와 구릿빛 피부와 탄탄해 보이는 외모가 인기를 끌었어. 그러다 90년대를 지나 2000년대에 들어서면서 다시 마른 몸으로 돌아갔고, 소위 '제로 사이즈'라고 불리는 가장 작은 사이즈의 옷을 입기 위해 위험할 정도로 굶는 다이어트가 유행했어.

21세기 초, 서양에서는 (내부 장기 때문에 실제로는 거의 불가능한) 납작한 배, 커다란 가슴과 엉덩이, 발을 붙이고 섰을 때 양쪽 허벅지 사이에 생기는 틈 같은 신체적 특징이 유행하면서 그런 모습의 여성이 되고자 하는 열망이 번졌어. 사실 허벅지 사이 틈은 몸무게와는 전혀 상관없이 골격 구조 때문에 생기는 특징이야. 그러니 좋거나 나쁘다고 할 만한 것도 아닐 뿐더러 신체 구조상 그리 될 수 없는데 허벅지 사이 틈이 생기게 하려고 노력하는 일은 무의미하고 위험하지.

허벅지 사이 틈을 두고 거센 반발이 이어졌어. 미국의 한 대형 마트가 수영복을 입은 어린 모델의 사진을 보정해서 허벅지 사이 틈을 만들어 넣었다는 사실이 드러났거든. 선을 넘어 버린 거야.

남성에 대한 미의 기준도 변했을까?

남성들 역시 변하는 미의 기준을 따라야 했어. 수염 스타일, 복근의 유무, 키, 덩치 등에 대한 선호도는 세대와 문화에 따라 꾸준히 변했지.

살집이 많은 모습이 부유함을 보여 준다고 여겼던 시대도 있었어. 음식을 많이 먹을 수 있고 육체노동을 대신해 줄 하인이 있다는 표시였거든. 영국의 왕 헨리 8세가 그런 예를 잘 보여 주지.

강인한 체력과 탄탄한 몸은 남성들이 항상 열망하는 것이었어. 과거에는 다른 사람들보다 말을 잘 타고 창던지기나 검술에도 유리해서 싸움에서 적을 이길 수 있다는 뜻이었지. 요즘은 건강하고 체력이 강하다는 의미도 있지만, 어떤 사람들에게는 건강이나 기능보다 외모 그 자체로 의미를 갖기도 해.

영국의 왕 헨리 8세의 모습

> 요즘 사람들은 근육질 몸매를 선호하는 것 같아요. 그래서 저도 근육을 키우고 싶어요. 마른 남자는 근육질 남자만큼 '좋은 사람'으로 보이지 않잖아요.
>
> 해리스, 14세

요즘 젊은 남성들은 눈에 보이는 근육을 동경해. 그런 근육이 운동을 조금 더 해서 생긴다면 문제 될 것이 없겠지. 운동은 건강을 유지하고 체력을 기르는 데 도움이 되잖아. 하지만 특별한 보충제나 단백질 음료를 먹거나 과도한 운동을 해야 하고, 무엇보다 건강이 아니라 외모 때문에 그렇게 해야 한다면 강박 행동과 무리한 다이어트로 이어질 수 있어.

> 저는 말랐다는 이야기를 많이 들어요. 그런 말에 신경 쓰지 않으려고 하지만 가끔은 자신감이 떨어지기도 해요. 앞으로는 외모가 아니라 건강을 위해서 운동할 생각이에요.
>
> 대니얼, 14세

수염은 수 세기 동안 다양한 유행을 거쳤어. 내가 어렸을 때는 수염을 지저분하고 '전문가답지 않은' 것으로 여기는 분위기였어. 쉬는 날이 아니면 항상 면도를 해야 했지. 지금은 수염이 유행해. 아래턱을 다 덮는 힙스터hipster, 턱수염을 닻 모양으로 기르는 고티goatee, 입을 둘러 둥글게 수염을 기르는 서클circle 등등 다양한 스타일로 개성을 드러내지. 수염을 손질하기 위한 제품들로 거대한 시장이 형성되었고 스타일을 유지하는 비용도 만만치 않아.

있는 그대로의 몸을 사랑하자

2015년경 '신체 긍정 운동'The body positivity movement이 일어났어. 사이즈와 상관없이 자기 몸을 있는 그대로 사랑하자고 사람들을 독려하는 운동이지. 영국의 모델 찰리 하워드는 소속사에서 수년 동안 살을 빼라는 압박을 받다가 섭식장애로 고생하면서 2015년 페이스북에 분노에 찬 글을 올렸어. 찰리의 글은 일파만파로 퍼졌어. 찰리의 소속사는 '날씬한 몸'을 만들라면서 강하게 압박했는데 찰리는 모델들이 겪는 학대를 질릴 만큼 경험한 상태였지. 몸무게가 44kg 정도로 줄었을 즈음 찰리는 이런 글을 썼어. "샘플 사이즈 옷을 입거나 '소속사의 기준'에 맞추기 위해서 골반을 깎아 낼 수는 없어요. 저는 본능을 억누르려고 오랜 시간 싸웠습니다. 제 몸매가 살집이 있는 편이라고 평가받았기 때문이죠. 최근 들어 저는 제 몸매가 마음에 들기 시작했어요." 신체 긍정 운동은 그렇게 시작됐어.

내 몸을 사랑하고 건강하게 가꾸자

이런 운동에 반발하는 사람들도 있었어. 논쟁의 핵심은 두 가지였지. 첫 번째 쟁점은 신체 긍정 운동은 작은 몸보다 큰 몸을 더 긍정적으로 본다는 주장과 관련이 있었어. 그렇게 생각하는 사람들은 '진정한 여성의 몸에는 살집이 있다'라는 구호가 타고나기를 마르고 굴곡 없는 몸매인 여성들을 비하한다고 지적했지. 바람직한 여성(과 남성)의 몸매는 다양한 몸매와 사이즈일 수 있으며, 굴곡 있는 몸매가 마른 몸보다 더 바람직한 것은 아니라는 논리를 펼치기도 했어.

또 다른 쟁점은 의료인 대다수가 지나친 과체중은 (지나친 저체중도 마찬가지로) 건강에 좋지 않고 심각한 질병을 초래해 수명을 줄이고 삶의 질을 떨어뜨린다고 입을 모아 말한다는 점이었지. 어떤 사람들은 신체 긍정 운동이 큰 몸집을 선호하도록 조장할 위험이 있다고 생각했어. 사실 자기 몸을 있는 그대로 사랑하는 것과 건강해지려는 노력 사이의 경계는 구분 짓기가 쉽지 않아. (이 책을 다 읽어 갈 때쯤이면 자신의 몸을 소중하게 여기고 건강하고 튼튼하게 돌보고 싶은 마음이 들었으면 해. 건강하고 멋진 몸매의 범위는 아주 넓다는 사실을 꼭 기억해.)

최근에 가슴과 엉덩이 형태를 바꾸는 데 사용하는 보형물, 입술 필러, 보톡스 같은 근이완제류의 제품 시장과 외모를 바꾸기 위한 값비싼 시술 등 미용 성형 시장이 매우 커졌어. 킴 카다시안과 동생 카일리 제너(21살이던 2019년에 대규모 화장품 제국과 백만 명에 이르는 팔로워로 10억 달러를 벌어들여 유명해졌어)는 지나치게 잘록한 허리, 풍만한 가슴과 엉덩이, 쏙 들어간 배를 지닌 패션의 아이콘들이지.

앞으로는 어떤 것이 유행할까? 네 생각은 어때? 그 유행을 무작정 따를 거야, 아니면 가뿐히 넘어서서 너만의 멋진 삶에 집중할 거야?

전 세계에 걸친 다양성

계속 이야기하지만, 나라와 문화마다 이상적이라고 생각하는 미의 기준은 다 달라. 이러한 사실은 '국경을 넘어선 완벽함에 대한 인식' 프로젝트에서 아주 잘 드러나. 18개 국가의 그래픽 디자이너들에게 한 여성의 사진을 주고 '자국민들에게 더 매력적으로 보이도록' 디지털 보정 작업을 요청한 프로젝트였지. 디자이너들은 남성의 사진으로도 똑같은 작업을 했어. 결과는 아주 흥미로웠어. 유럽과 아시아 출신 디자이너가 수정한 사진은 전문가들이 보기에 병약하다고 판단될 정도로 저체중이었고, 이탈리아와 중국 출신 디자이너도 아주 마른 몸을 미의 기준으로 삼고 있었어. 남성 사진의 경우 미국과 이집트 출신 디자이너는 선명하게 드러난 복근에 초점을 맞췄고, 러시아 디자이너는 딱 벌어진 어깨와 가슴 근육을 강조했지. 검색해서 직접 확인해 봐. (https://onlinedoctor.superdrug.com/perceptions-of-perfection/)

몇몇 아시아 국가에서는 머리색을 분홍색, 노란색, 금색 등으로 염색하고, 특수 콘택트렌즈를 끼는 게 유행이에요. 얼굴형과 이목구비를 바꾸는 성형 수술도 흔하고요. 페기, 16세

어떤 지역에서는 몸집이 큰 것을 이상적이라고 생각하기도 해. 2011년 미국의 한 보고서에서 10~14세의 아프리카계 미국인과 백인 청소년을 대상으로 몸무게에 대한 인식을 비교했어. 아프리카계 미국인 소녀들은 백인 소녀들보다 체중을 문제 삼는 일이 적었고 체중이 많이 나간다고 자신감이 낮아지는 일도 드물었어. (이런 류의 연구들은 일반적인 사실을 보여 주긴 해. 다양한 피부색을 지닌 소녀와 소년들 대다수가 몸무게와 자신감 문제를 겪고 있거든.) 나이지리아에서는 체중이 많이 나가면 부와 건강과 아름다움을 지녔다고 생각해. 앞으로 바뀔지도 모르지만.

민족이나 집단마다 특별한 미의 기준이 있어. 과거 중국에서는 여성들의 작은 발을 선호하는 풍습 때문에 한때 여자 아기의 발을 천으로 동여매서 성장을 억제하기도 했어. 에티오피아의 카로족은 여성과 남성 모두 흉터가 있는 것을 매력적이라고 여겨. 플라톤이 말했지. 아름다움은 보는 사람의 눈 속에 있다고.

중국에서는 남학생보다 여학생들이 몸매에 더 신경 쓰는 것 같아요. 소셜 미디어 때문일 거예요. 여자아이들은 유행하는 모습을 다양하게 시도한 사진을 엄청나게 올려요. 영국에 온 뒤로 저는 남자아이들이 체격에 대해 걱정하는 모습을 자주 봤어요. 몸집이 또래 집단의 사회적 위계에 영향을 미치는 것을 목격했죠. 키 역시 남자아이들의 자존감에 영향을 미쳐요.

앨런, 17세

피부색 - 이것도 다 상대적이야

피부색도 신체 이미지를 구성하는 요소야. 역사적으로 옅은 색 피부는 돈을 지불해 밖에서 일할 일꾼을 고용할 여유가 있다는 사실을 드러내는 징표였어. 예를 들어, 영국 빅토리아 시대의 백인 여성들은 희고 주근깨가 없는 피부를 선호했어. 그건 양산 아래에서 편안히 쉬면서 하인이 가져다 주는 시원한 음료를 즐길 여유가 있다는 사실을 보여 줬거든. 유럽의 부호들은 아시아나 아프리카로 여행을 갈 때 하인들의 시중을 받으면서 시원한 그늘에만 머물렀지. 그래서 그런 사람들에게 옅은 색 피부는 신분을 드러내는 상징과 같았어.

> 펀자브 지역에서는 옅은 색 피부를 짙은 색 피부보다 훨씬 매력적이라고 생각해요. 한번은 휴가를 다녀왔더니 엄마가 저더러 '흑인'이 되었다고 했어요. 엄마에게는 그런 제 모습이 별로였던 거죠.
>
> 사비타, 23세

피부색이 짙은 지역의 문화에서는 피부색을 옅어지게 하려는 바람이 커서 피부 미백 산업이 엄청난 이익을 거두고 있어. 한국이나 아시아계 나라들에서는 밝고 잡티 없는 피부를 가꾸는 방법들에 관심이 많고, 소셜 미디어나 수많은 매체들에서 관련된 정보와 기사들을 쏟아내.

한편, 피부색이 옅은 북유럽인이나 미국인들은 햇볕에 그을린 피부처럼 짙은 색을 띠게 하려고 셀프 태닝 제품을 사용하거나, 전문 숍에 가거나, 햇볕 아래 몸을 누이고 피부 노화와 피부암에 걸릴 위험을 무릅써. 너무 창백하면 건강해 보이지 않잖아. 이런 상황 역시 사회적 지위를 드러내는 요소가 있어. 피부를 그을렸다는 말은 그럴 만한 여유가 있다는 뜻이지. 일광욕이 위험하다는 사실을 알지만 그런 위험을 감수하는 사람이 많아. 선탠을 해도 곧 원래 피부로 돌아가서 유지 비용이 많이 드는데도 말이야.

우리가 사회와 미의 기준을 바꿀 수 있을까?

미디어에서 아름다운 몸이라고 제시하는 모습을 흉내 내려 한다면, 이미 멋진 모습을 바꾸도록 시간과 돈과 에너지를 쏟아부으라는 기업의 메시지에 세뇌된 걸 수도 있어. 그렇다면 우리는 어떤 생각과 태도로, 어떤 행동을 해야 할까?

우리는 역사를 바꿀 수는 없지만 우리가 살아가는 시대의 문화를 바꿀 수는 있어. 우리는 이러한 변화의 일부이며 우리에게는 힘이 있어. 아주 작은 발걸음, 몸짓, 이의 제기 등으로 사람들의 마음을 바꿀 수 있어. 뚱뚱하다고 놀리거나 몸에 대해 부정적으로 말하는 사람들에게 그러지 말라고 말할 수 있는 용기도 있고. 언론 매체에 메일을 보내서 마른 몸을 지나치게 강조하거나 외모를 바꿔야 한다고 사람들을 선동하지 말라거나 건강 관련 웹사이트에서 다이어트 보조제를 판매하지 못하게 해 달라고 요구할 수도 있어. 신체 이미지에 대한 주변 사람들의 인식을 바꾸고 외모보다 건강에 가치를 두는 방향으로 이끄는 방법도 있어. 내가 이 책을 통해서 하고 싶은 일이기도 해.

마음을 바꾸는 일은 항상 나부터 시작해야 해. 찰리 하워드는 마음을 바꿔서 모델 산업이 고수하는 신체 기준이 옳지 않다고 주장하면서 맞설 수 있었어. 그러면 우리가 할 수 있는 일은 무엇일까? 우선 이 책의 '나다운 몸을 위하여'에 실어 둔 활동을 하나하나 실천해 보자. 마음이 어떤 속임수를 쓰는지, 주변의 이미지가 어떤 방식으로 우리를 속이려 하는지에 대해 생각하고 더 현명하고 강해지는 선택을 하는 거야. 그렇게 하고 있다면, 네 생각을 친구나 또래에게 이야기해 봐. 어른들에게 말해도 좋아. 그러면 사회도 조금씩 움직이고 바뀔 거야.

> 제가 자란 곳에서는 여자들이 히잡이나 스카프를 머리에 둘러야 해요. 가족들 모두 그렇게 하고 있지만 저는 머리에 천을 두르기 싫어요. 머리카락은 저를 돋보이게 해 주는데 가리고 싶지 않거든요. 스카프가 머리에 닿는 느낌도 싫어서 기도하러 갈 때만 써요.
>
> 섀니콰, 15세

♥ 나다운 몸을 위하여

네가 사는 나라의 이상적 '미의 기준'이 마음에 드니? 만약 그렇다면 너도 주변의 인식에 영향을 받은 거야. 이런 이상적 미의 기준은 상대적이라는 사실을 기억해. 강한 체력과 건강에 대한 너만의 기준을 만들어 보면 어떨까?

단 하나의 완벽한 몸매는 존재하지 않아.

모두 유행일 뿐이지. 대부분은 거대 기업들이 돈을 쓰게 하려고 강요하는 것이기도 해. 여러 시대와 문화 속에서 풍만하고 몸집이 큰 체형이 긍정적인 평가를 받았어. 사회적인 지위가 높고 부유하고 강하고 아름다운 모습이라고 여겨지. 짙은 피부색을 가진 사람들은 옅은 피부색을 갖기 원하고, 옅은 피부색을 가진 사람들은 짙은 색이 되기를 바라기도 해. 이해할 수 없는 세상이지 뭐야!

아름다움은 외모에 있지 않아. 영혼 깊숙이 존재하지. '아름다움'은 상대적이고 늘 변한다는 사실을 기억하자. 절대적인 진리는 없어. 자신의 가치를 있는 그대로의 모습에서 발견해 봐. 인간이자 '진짜'인 자신을 말이야.

3장

인터넷, 소셜미디어, 셀럽 문화와 몸

> 연예인들을 보면 마른 몸과 하얀 피부에 집착하고 사진을 엄청나게 보정하더라고요. 그렇게 보정한 사진은 실제 그 사람들의 몸이 아닌데, 우리 같은 사람들은 그걸 보면 부러운 마음이 드는 것 같아요. **나나 콰메, 14세**

앞에서 많은 사람이 자신을 주변 사람과 비교하는 경향이 있다고 말했었지. 이제 그 부분을 자세히 살펴보려고 해.

모든 동물은 자신이 속한 집단이나 종에 적응하려는 경향이 있어. 다르지 않아야 안전하고 집단에 쉽게 받아들여지거든. 가장 강하거나 가장 좋은 털을 가졌거나 가장 큰 뿔을 가지고 있는 건 괜찮지만,

생김새가 다르면 곤란해. 동물의 왕국에서 다른 존재는 거부당해. 거부당하면 생존이 힘들어지지. 사람 역시 그런 본성을 타고났어. 하지만 사람에게는 그 사람의 외모 아래 감춘 내면을 살펴볼 능력이 있지. 다만, 우리와 비슷한 모습이든 그렇지 않든 모두를 존중하는 품위 있는 사람일지라도 자신과 타인을 끊임없이 비교하고 있어.

인터넷과 소셜 미디어와 셀럽 문화는 비교하는 습관과 어떤 관계가 있을까?

텔레비전이나 잡지나 인터넷이 존재하기 이전에 사람들이 비교하던 대상은 주변 사람들뿐이었어. 대부분 평범한 사람들이었지. 광고주들이 뭔가 팔기 위해 보정한 사진, 교묘하게 사용된 조명, 아름답지만 가짜인 이미지 같은 것들은 없었어. 당시 사람들은 다양한 몸매를 보면서 '평범함'에 대한 좋은 감각을 유지했어. 화장 말고는 외모를 바꿀 성형 수술이나 다른 기발한 방법이 존재하지 않았거든. 물론 옛날에도 유행이 있었고, 유행을 이끄는 '패션 아이콘'도 있었지. 동네 사람들이 모두 부러워하는 미인들도 있었고 말이야. 하지만 '완벽하다'고 평가받는 이미지나 모델들이 지금처럼 줄기차게 등장하지는 않았어.

🖤 나다운 몸을 위하여

쇼핑몰, 식당, 영화관, 학교에서 사람들을 자세히 살펴봐. 생김새
가 모두 다르다는 사실을 눈으로 확인하는 거야. 그게 진짜거든.

신문이 발간되고 잡지와 텔레비전이 그 뒤를 이어 탄생했어. 사
람들의 시야가 넓어졌지. 다양한 외모를 접하고, 광고주들이 파는
상품의 모델로 뽑힌 사람들을 부러운 눈으로 바라봤어. 텔레비전 채
널도 몇 개 없고 인터넷도 없던 시절이었기 때문에 그때만 해도 다
양한 모습의 진짜 사람들에 둘러싸여 지냈지.

끊임없이 쏟아지는 이미지

이제 우리는 아주 많은 시간을 온라인에서 보내. 그러다 보니 상
당히 인위적이고, 특정한 몸매만 유독 강조하며, 엄청난 시간과 돈
을 들이지 않으면 얻기 힘든 모습을 담은 이미지의 홍수를 피하기란
사실상 불가능해. 미디어가 발달한 나라의 소녀들은 17세가 될 때
까지 25만 개의 상업적 메시지를 접한다고 해. 대부분 어떤 모습이
어야 한다고 강요하는 것들이지. 이런 콘텐츠를 연구한 다양한 보고
서들은 잡지나 온라인 자료들이 소년보다 소녀를 대상으로 이상적
인 미의 기준에 대한 메시지를 전달하는 내용을 훨씬 많이 담고 있
다고 말해. (소년들도 피해 갈 수는 없어.)

또 광고는 연령, 성별, 외모 등에 기반해 우리가 흥미롭게 여길 만한 내용을 즉각적으로 제공해. 즉, 그 세 가지 기본 정보를 알고 있다는 뜻이야.

> 십 대 시절 저는 패션잡지를 탐독하면서 고통스러운 갈망으로 저를 괴롭혔어요. 잡지의 이미지들이 과하게 보정한 거라는 사실을 알면서도 멈출 수가 없었어요. 진짜처럼 느껴졌고, 제 모습은 충분하지 않다고 느꼈죠. 가족 중에 유명한 모델과 미인이 있다는 사실 때문에 더 괴로웠던 것 같아요.
>
> 프랜시스, 24세

이런 사실을 확인하려고 포털 사이트에 '신체 이미지'와 '십 대 신체 이미지'를 검색해 봤어. 수 시간 만에 내 소셜 미디어를 비롯해 포털 사이트와 블로그는 전에 없던 광고로 도배되었지. 그 뒤로 이틀 동안 많이 보인 순서대로 광고를 정리해 보니까 다음과 같았어. ① 다이어트 보조제 ② 지방 흡입술 ③ 가슴 확대 시술 ④ '비키니를 위한 몸'을 만들어 준다는 제품들 ⑤ 성형 수술 ⑥ 셀룰라이트 제거

나는 '십 대 신체 이미지'라는 말을 검색창에 입력한 것뿐이잖아? 저들은 내가 무엇을 알고 싶은지가 아니라 나에게 무엇을 알려 주고 싶은지에 혈안이 되어 있어. 요가 광고만 빼면 내가 본 광고들은 죄

다 건강과 체력이 아닌 체중 감량에 관한 것뿐이었어. (사실 요가 광고 도 마른 여성들만 보여 줬어.) 나는 중년 여성이고 '신체 이미지'를 검색 했으니 체중 감량과 가슴 확대를 원해야만 하는 걸까? 그야말로 터 무니없고 여성을 비하하는 가정이야! 머릿결이 나아지길 바라더라 도, 인터넷에 그 사실을 알려서는 안 돼. 그랬다가는 엄청나게 귀찮 아질 거야.

유명인의 영향

연예인이나 기타 유명인들이 주도하는 '셀럽 문화'는 거대한 산 업을 이뤘어. 옷부터 보석, 향수, 체중감량 보조제, 화장품 등등 팔지 않는 것이 없을 정도인데, 대부분은 효과도 없고 심지어 위험한 것 도 있어. 깨닫지도 못하는 사이에, 또는 신경 쓰지 않으려 애쓰는데 도 너는 어떤 식으로든 영향을 받고 있어.

> 친구들에게 뒤처지고 싶지 않기도 하고, 인스타그램에 새 로 올라온 '완벽한' 삶과 몸매를 보고 싶어서 저는 강박적으 로 휴대폰을 확인했어요. 그러다 보니 불안감도 커지고 잠 도 제대로 못 자겠더라고요. 사람들이 자기 모습을 찍어 올 리는 게시물을 보면 볼수록 중압감이 커졌는데, 저도 그 사 람들과 비슷해 보여야 한다는 생각 탓이었어요. 저는 남의

시선을 의식하는 편이 아니었는데, 지금은 특정한 방식으로 보여야 한다는 생각을 떨치기 힘들어요. 십 대들은 소셜 미디어 게시물이 인생을 있는 그대로 보여 주지 않는다는 점을 깨닫지 못할 때가 많아요.　　　젬마, 16세

자료에 따르면 미국 여성의 5%만이 현재 이상적이라고 여겨지는 몸매를 갖고 있다고 해. 대다수의 여성들은 잡지와 온라인에 등장하는 모델에게서 영향을 받고 있고. 이러한 현상을 종합해 보면, 대다수의 사람들이 자연스럽지 않거나 불가능한 체형을 목표로 삼고 체중 감량에 대한 압박을 받고 있다는 것을 알 수 있어. 즉, 사람들은 값비싸고, 해롭고, 영혼을 파괴하는 일에 노출되어 있는 거야.

소년들의 경우, 신체적으로 근육이 두드러지는 발달 단계에 들어서지 않았는데 몸 크기를 키우려 애쓰기도 해. 단순히 운동만으로 근육을 만들 수는 없어. 근육 생성에 필요한 성인 호르몬이 분비되어야 운동 효과가 나타나거든.

한 친구가 자기 사진을 보면서 너무 마르고 작다고 불평하더라고요. 그 친구는 체육관에도 자주 가고 단백질 보충 음

혹시 그런 이미지들을 자주 보더라도 절대 영향을 받지 않을 자신이 있다고 생각해? 다양한 체형의 모델들을 본다면 그럴 수 있겠지. 하지만 늘 보는 모습이 특정한 체형뿐이라면 뇌는 그런 몸매를 '정상'이라고 인식할 거야.

질문 하나만 할게. 유명인들의 모습을 순간 포착해 부정적으로 보이게 의도한 '짤'을 보고 웃음을 터뜨린 적 있어? 혹시 살이 겹치거나 화장이 잘못되거나 성형 시술로 어색해 보이는 부분을 강조하는 사진 아니었어?

이제는 그러지 말자. '그게 어때서. 완벽한 모습만 보여 주려고 애쓰는 사람들인데 좀 망가진 모습을 보는 것도 재미있잖아'라고 생각한다는 것 알아. 그런데 말이야, 그런 행동이 오히려 모든 사람들에게 완벽해야 한다는 압박감만 더하는 것은 아닐까? 멋진 연기와 훌륭한 품성 대신 완벽한 외모에만 관심을 두는 잔인한 사람들과 뭐가 달라? 이런 함정에 빠지기는 너무나도 쉬워. 우리가 그런 행동을 하지 않는다면 세상은 좀 더 나은 방향으로 움직일 거야.

나다운 몸을 위하여

나를 아름답지 않다거나 근육질이 아니라거나 완벽하지 않다고 느끼게 하는 블로그, 웹사이트, 미디어는 다 끊어 버려. 대신 특정한 몸매를 추켜세우지 않는 블로거나 롤 모델을 찾아 팔로우하는 거야.

광고와 장난감

사람뿐만 아니라 장난감과 인형도 마찬가지야. 바비 인형은 비현실적인 몸매를 열망하게 한다는 이유로 오랫동안 비난받았어.

관절 부위가 자유자재로 움직이는 지아이조G.I.Joe 인형은 1960년대부터 현재에 이르기까지 여러 차례 체형이 변했는데, 많은 사람이 그 체형 변화를 따라 했어. 지아이조의 울퉁불퉁한 근육은 최근 버전에서 훨씬 두드러져. 포장 상자에 묘사된 모습도 근육질 몸매에 중점을 두었다고 해.

장난감 회사들은 이미지나 생김새에만 초점을 맞추고 특정 제품이 '남아용' 또는 '여아용'이라고 불필요하게 강조해. 영국의 '장난감을 장난감답게Let Toys Be Toys' 캠페인은 이 문제를 정확히 꼬집었어. 장난감이나 포장에 '여자아이들은 어떤 모습에 어떻게 행동해야 하고 남자아이들은 이러저러해야 한다'라고 명시하면, 아이들은 그런 편협한 고정관념에 자신을 맞추려고 할 거야. 그냥 편하게 원하는 옷을 입고 원하는 방식으로 꾸미면 어때서?

장난감과 옷은 신체 이미지와 관련이 많아. 사람들과 잘 어울리도록 도와주기도 하고, 돋보이게 해 주기도 해. 그뿐 아니라 자신을 바라보는 방식의 일부이기도 하지.

♥ **나다운 몸을 위하여**

광고에 문제가 있는 것 같다고? 그러면 네 생각을 전해 봐! 어떤 회사가 체중이 많이 나가는 사람을 비웃거나 신체 이미지에 부정적인 영향을 끼치는 메시지를 전달한다면 비판의 목소리를 내는 거야! 트위터는 선을 넘는 기업을 비판하기에 좋아. 공격적일 필요는 없어. 너의 생각을 자유롭게 적고 의문을 던져 보는 거야.

인터넷에는 좋은 점도 있지 않냐고?

맞아! 많은 유명인이 좋은 신체 이미지 메시지를 전달하고자 앞장서고 있어. 인터넷의 훌륭한 점 한 가지는 메시지를 널리 퍼뜨릴 수 있다는 거야. 인터넷과 소셜 미디어는 신체 긍정 메시지를 널리 알려서 기업들이 다양한 몸매의 모델을 쓰는 데 기여했어. 인터넷은 유익하기도 하고 해롭기도 해.

> 저는 소셜 미디어가 도움이 되었어요. 소셜 미디어에서는 대표성에 대한 이야기가 많이 오가요. 영화나 책, 여러 매체들을 보면 아시아인을 대표하거나 자신과 비슷한 상황에 놓인 사람들을 만날 수 있어요. 제가 자라는 동안에는 그런 경험을 못 했는데, 제 딸은 그럴 수 있다는 생각에 기쁘더라고요.
>
> 샤힌, 45세

♡ 나다운 몸을 위하여

온라인 환경에 휘둘리지 말고 적극적으로 선택하자. 유용하거나 독창적이거나 기분 좋아지는 온라인 채널을 선택해 봐! 무엇을 볼지는 너의 선택에 달려 있어. 그러니 잘 분별해서 선택하길. 그러면 기분이 달라지고, 달라진 기분은 인생을 바라보는 시각과 태도를 바꿔.

온라인 문화와 신체 이미지가 일으키는 문제들

완벽주의

완벽주의에 대해 들어 본 적이 있을 거야. 완벽주의적인 행동으로 고통받는 사람들이 점점 늘어나고 있어. 완벽주의에는 스스로 설정한 이상적 기준에 맞추고자 하는 강렬한 욕구와 필요, 그런 목표에 도달하지 못하리라는 두려움이 공존해. 완벽주의가 단순히 성공하겠다는 야망만 의미한다면 문제될 일이 없을 거야. 그런데 강박과 두려움을 동반할 때 두 가지 문제가 발생해. 끊임없는 불만족을 낳고, 도움이 되지 않는 목표에 집중하면서 사소한 단점이나 실수를 곱씹으며 스스로를 괴롭혀.

> 저는 소셜 미디어가 부정적인 영향을 끼친다고 생각해요. 그곳에서 보는 것을 믿지 말라고 말해 주고 싶어요. 모델은 전부 말랐다는 사실도 문제예요. 스텔라, 15세

소셜 미디어는 완벽주의 행동을 부추겨. 우리보다 '더 멋진' 혹은 '더 나은' 모습들과 겉보기에 완벽해 보이는 누군가의 인생을 담은 게시물만 봐도 그래. 단점은 완벽하게 가리고 최고로 멋진 모습만 보여 주는 사람들에게 둘러싸이면 자신을 부정적으로 평가하기 쉬워.

2017년에 실시한 한 연구는 청소년들에게 완벽주의적인 행동의 비율이 증가하면 정신 건강상의 문제도 함께 증가한다는 결과를 내놓았어. 완벽주의는 불안과 관련이 많고, 우울증이나 불안장애를 겪는 사람들이 보이는 흔한 증상이기도 해. 완벽주의는 또래 집단의 기대에 들어맞아야 한다는 욕구를 흡수해서 점점 더 강해져.

> 사람들은 왜 자꾸 마른 몸에 집착하는 걸까요? 사람마다 몸매는 제각각이고 모두가 마른 체형일 수도 없잖아요.
>
> 앤, 13세

완벽주의는 섭식장애의 주요 원인이야. 셀럽 문화와 쏟아지는 광고는 엄청나게 마른 소녀와 여성, 지방을 쫙 뺀 소년과 남성에게 관심을 집중해. 그런 모습만 접하다 보면 완벽주의적인 성격은 살을 조금만 빼야겠다는 무해한 소망에서 외모를 바꾸겠다는 위험한 강박으로 쉽게 옮겨가 버려.

셀럽 문화는 세 가지 면에서 완벽주의를 부추겨.

1. 우리가 '반드시' 혹은 가능한 한 되어야 하는 모습의 예시를 보여 줘. 목표 같은 것을 제시하는데, 대개 보정 작업을 거친 이미

지들이지.

2. 제품, 관련 정보, 얼마나 유용한지 이야기하는 유명인을 내세워서 우리가 더 '완벽'해지기를 갈망할 기회를 줘.

3. 모델과 다른 모습 때문에 수치심을 느끼게 되고 우리는 쉽게 자신에게 불만을 품게 돼.

나르시시즘(자기애)

나르시시스트는 오로지 자신에게만 관심을 두는 사람이야. 이기심의 극단적인 형태지. 누구나 이기적일 때가 있어. 가끔이라면 괜찮아. 자신을 먼저 생각하는 것은 당연해. 그런데 나르시시스트는 다른 사람을 좀처럼 생각하지 않아. 특히 외모에 있어서 그렇지. 나르시시즘이라는 말은 그리스 신화에서 유래되었어. 나르키소스는 자신의 아름다움에 매료되어서 수면에 비친 자기 모습을 넋을 놓고 바라보다가 결국 살고자 하는 의지를 상실해 버렸어.

> 모델들의 몸매는 대부분 현실적이지 않다는 점이 문제라고 생각해요. 모델들에게도 해로운 일이 아닐까요?
>
> 대니얼, 14세

셀럽 문화는 세 가지 면에서 나르시시즘을 부추겨.

1. 외모에 대한 보상이 있다는 걸 보여 줘. 외모 덕에 유명해지고 부자가 된 사람들을 많이 봤을 거야.
2. 비싼 화장품, 조명, 미용 시술, 셀카에 빠져 자아도취 상태에서 헤어 나오지 못하게 해.
3. 외모에 지나치게 관심을 기울이는 일을 당연하고 바람직하다고 느끼게 해. 외모에 집중하지 않으면 문제가 있다는 뜻일 수도 있지.

> 몸에 대해 자신감을 가지라거나 온라인상의 이미지와 자신을 비교하지 말라고 말하기는 쉬워요. 하지만 완벽한 모습을 한 사진에 둘러싸인 십 대 소녀에게는 정말 어려운 일이에요. 보정된 사진이라는 사실을 알면서도 그런 모습이 되고 싶다는 생각이 자꾸 들거든요. 칼리, 16세

성형 수술

성형 수술은 이제 낯설거나 이상한 일이 아니야. 사람들은 가슴, 엉덩이, 광대뼈, 그밖에도 유행에 따라 살이 더 '붙어야만 해'라고 평가되는 부위라면 어디든 보형물을 삽입할 수 있어.

배우 롤로 페라리는 1980년대부터 2002년 사망할 때까지 변화무쌍한 몸매로 대중 매체의 주목을 받았어. 페라리는 30번가량 시술을 받았는데, 대부분 가슴 크기를 키우는 시술이었어. 결국 양쪽 가슴에 주입한 액체 보형물이 각각 3리터에 이르렀어. 페라리는 지나치게 큰 가슴 때문에 제대로 걸을 수도 누울 수도 없었고 숨쉬기조차 힘들었지.

이런 현상에는 의료 기술의 발달이 한몫했지. 온라인 세계가 우리에게 무엇이 가능한지 이야기를 쏟아내면서 한번 해 보라고 부추긴 탓도 있어. 또 가진 것보다 더 많은 것을 원하는 인간의 습성 탓도 있지.

성형 수술 적정 연령에 대한 명확하고 일관된 규정도 없고, 시술을 받겠다고 동의하기 전에 정신 건강이 어떤지 충분히 살피지 않는 외과 의사들도 너무 많은 상황이야.

> 인터넷은 모두가 최고라고 생각하는 '완벽한 모습'을 만들어 내요. 모델들은 진짜 사람처럼 보이지도 않아요. 잔뜩 고쳐서 인위적인 모습이지요.　　　　　찰리, 15세

의학의 발전으로 손상된 부분이나 고통받던 문제를 해결할 수 있게 되었어. 덕분에 이전에는 선택의 여지가 없던 사람들의 삶이 나

아진 것은 정말이지 굉장한 일이야. 하지만 나는 수술로 완벽해지려는 사람들이 걱정돼. 몸의 일부를 바꾸면 불행이나 불안이 사라질 거라고 믿지만 그런 일은 드물거든.

이 시점에서 질문을 던질 수밖에 없어. 사람들에게 마음대로 돈을 쓰지 말라고 말할 자격이 나에게 있을까? 나는 사람들이 건강하고 행복했으면 좋겠어. 그걸 얻기 위한 더 좋은 방법이 있다고 믿고. "우리가 미의 기준입니다. 여러분도 이런 다이어트를 하거나 굶거나 하루에 세 시간씩 운동을 하거나 비싼 화장품을 바르고 성형 시술을 정기적으로 받으면 우리처럼 보일 수 있답니다"라는 메시지를 보내는 미디어에 맞서려면 우리는 서로를 도와야 해.

> 여성 모델들은 평균보다 마르고, 남성 모델들은 평균보다 근육이 많다는 점은 문제예요. 그 때문에 많은 사람들이 우울증이나 불안장애를 겪기도 해요. 저는 사람들이 자기 모습대로 살아야 한다고 생각해요. 마리아, 15세

일시적인 효과를 얻기 위한 미용 시술

어린이 책 작가인 피오나 던바는 <소녀와 신체 이미지>라는 논문에서 신체 이미지와 식이장애에 대중 매체가 어떤 영향을 미치는지 추적했어. 던바는 3세 아동을 위한 전문가용 매니큐어와 페디큐

어가 늘고 있다는 사실을 지적해. "이는 아이들에게서 유년기를 훔치는 행위다. 3살짜리 아이가 벌써 소녀와 여성은 있는 그대로의 모습으로는 부족하니 바꿔야 한다고 배우는 것이다."

> 미용을 위한 성형 수술은 그야말로 쓰레기 같아요. 우리는 모두 그 자체로 아름다운데 왜 그런 선택을 하게 되는 걸까요?
> 올리비아, 15세

그 논문이 발표된 이후 몇 년이 지나지 않아 우리는 십 대들이 생일이나 기념일 선물로 입술에 필러 시술을 받게 해 달라고 요구하는 세상을 살고 있어. 필러를 주입하는 시술은 효과가 오래가지 않아. 기껏해야 몇 주나 몇 달 정도만 유지가 되거든. 그래서 결과에 만족하면 또 시술을 받아. 그렇게 시술을 계속 받다 보면 어떤 일이 일어나는지 사진에서 봤을 거야. 싸게 시술을 받으려고 애쓸수록 문제가 생길 가능성이 커.

온라인에는 미용 시술을 고민하는 사람들을 상담해 주는 게시판이 있는데, 모종의 계획을 숨기고 있거나 상담 받고 시술하면 상담해 준 사람이 수수료 같은 금전적 이득을 얻기도 해. 소셜 미디어 플랫폼은 이런 시술에 관한 상담과 광고로 도배되어 있지. 어떤 것이 전문가의 믿을 만한 조언을 담은 진짜 정보인지 구분하기란 매우 어렵거나 거의 불가능해.

제 주변의 여자 친구들은 대부분 자기 몸, 키, 몸무게에 만족하지 못하더라고요. 이 문제는 이제 남자들에게도 영향을 미치고 있어요. 근육을 키워야 한다는 식으로요. 우리 일상을 보면 놀랄 일도 아니에요. 온갖 제품들이 셀룰라이트, 튼살, 털 한 오라기 없이 포토샵으로 매끈하게 보정한 몸과 함께 광고로 도배가 되잖아요. SNS를 한다면 그런 몸을 갖고 싶다는 마음을 떨치기란 사실상 불가능해요. 샬롯, 19세

비용을 기꺼이 감당하겠다는 사람에게 필러 같은 시술을 받는 것이 문제라고 내가 과연 말할 수 있을까? 이 이야기를 12세에서 17세 청소년들과 함께 나눈 적이 있는데 다양한 의견을 들을 수 있었어. 대다수가 미용 시술은 좋은 생각이 아니라고 했지. 그중 몇몇은 시술로 행복해지고 경제적으로 감당할 수 있다면 괜찮다고 했어. 내 질문은 이거야. 장기적으로 볼 때 그런 시술이 어떤 식으로 우리를 행복하게 해 줄까? 시술받고 나면 입술(또는 다른 부위의) 모양에 더 집착하게 되어서 계속 시술받고 싶지 않을까? 시간, 재능, 가치관을 위해 더 나은 방향을 찾는 편이 훨씬 행복하지 않을까?

얼굴 윤곽 메이크업

얼굴 윤곽을 돋보이게 해서 변화를 주는 '컨투어링 메이크업'이 유행하면서 외모를 바꿀 수 있는 기회가 늘어났어. 이 화장법은 온라인 셀럽들을 통해 널리 퍼졌지.

얼굴 윤곽 메이크업은 흉터나 반점 등을 보이지 않게 가리려는 사람들에게 큰 도움이 되었어. 하지만 우리가 잘 생각해 봐야 할 부정적인 측면이 몇 가지 있어.

먼저 비용이야. 화장품 값이 만만치 않거든! 화장하는 데 들이는 시간도 엄청나지. 얼굴 윤곽 메이크업을 어떻게 하는지 알려 주는 영상을 보면 그렇게 많은 시간을 낼 수 있는 사람이 있다는 데 놀랄 거야. 한번 그런 식으로 화장하면 늘 그렇게 해야 한다는 압박감이 들어. 완벽하게 화장하지 않은 날에는 '매력적이지 않다'라고 느낄 테니까.

> 소셜 미디어에는 최고의 모습, 최고의 순간만 존재해요. 늘 최고일 수는 없는데 말이에요. 헤더, 14세

얼굴 윤곽 메이크업과 기나긴 화장 순서를 열렬히 지지하는 이들은 전부 화장품을 팔아야 하는 사람들이거나 기업이라는 점을 명심해야 해.

모두가 이런 유행을 따르며 살지는 않는다는 점도 기억해야 해. 이를테면 한국은 성형 수술 비율이 높은데다 화장과 필러로 '완벽함'을 추구하는 경향이 강한데, 케이팝이 이런 현상에 한몫했지. 동시에 이를 지적하면서 여성에게 강요된 외모지상주의에서 탈피하자는 '탈코르셋 운동'도 거세게 일어나고 있어. 현대의 이상적인 미의 기준으로 여성을 옭아매는 방식이 코르셋을 입어야 했던 시절과 똑같다는 점이 참 흥미롭지.

필터와 사진 보정

소셜 미디어용 사진에 사용하는 필터는 특히 '셀카'를 찍어서 사람들에게 공개할 외모를 바꿔 주는 유혹 거리야. 사진을 고치고 손보는 데 사용하는 필터와 그 밖의 여러 소프트웨어는 누구나 완벽한 모습을 가질 수 있도록 도와주지. 눈 모양이나 피부색을 바꾸고 잡티를 없애고 모공도 지울 수 있어. 턱 선을 매끄럽게 다듬고 머리카락에 윤기를 더하고 광대뼈를 높이거나 낮추고 코 모양도 바꿀 수 있지. 휴대폰 화면을 몇 번만 터치하면 완벽한 피부와 화려함을 갖춘 최애 연예인의 닮은꼴로 거듭날 수 있어. 원본 사진이 아니라 필터를 입히고 보정한 사진을 게시하고 싶은 마음이 드는 건 당연하지 않겠어?

> 사진과 영상을 공유하는 메신저인 스냅챗에서는 자동으로 필터가 적용되어서 얼굴을 갸름하게 만들거나 코를 날렵하게 바꿔 줘요. 저는 이런 기술에 동의하지 않아요. 아무도 알아차리지 못할 '불완전함'을 확실히 더 불안하게 느끼게 만든다고 생각해요.
>
> 데이지, 14세

이게 뭐가 문제일까? 뭔가 지불할 필요도 없고 해로울 것도 없잖아? 한 가지 문제라면 거울에 비친 진짜 내 모습을 보면 온라인에 올린 이미지나 셀카 속 완벽한 모습으로 살아가지 못한다는 사실에 화가 날지도 모른다는 점이야. 나에게 더욱 비판적이 되고 외모도 더 부정적으로 느낄지 몰라. 한편 온라인에서 다른 사람들의 '단점 없는' 모습을 보고 거울에 비친 내 모습을 보면 나를 더 나아 보이게 만들고 싶은 마음이 커지겠지.

맞아. 사진을 보정하는 일은 결국 우리에게 해로워. 우리의 신체 이미지에도 해롭지. 실제로 사람들을 만나면 사진과 다른 모습에 놀라기도 해. 일반 사진 속 모습은 노골적이거나 때론 정직하지 않지. 필터가, 날씨 좋은 날 최적의 조명을 받은 나의 실제 모습과 똑같아 보이게 만들어 주는 정도라면 문제 될 것이 없어. 하지만 너무 과하게 변형시키면 진짜 내 모습이라고 하기 힘들어.

이런 필터들은 청소년과 어린이에게 발달 단계보다 일찍 성적으로 보이는 일을 가능하게 하고, 심지어 부추기기까지 해. 어떻게 보이는가 또는 스스로 어떻게 보는가는 자기를 어떻게 느끼는지에 영향을 끼쳐.

헬스클럽이 위험하다고?

유명인들에게 헬스클럽이나 체육관은 이미지의 큰 부분을 차지하고 몸매 관리에도 중요해. 많은 사람이 그런 모습을 따라 하고 싶어 하지. 헬스클럽은 사람들이 몸의 부피를 키우고 근육량을 늘리거나, 쫙쫙 갈라진 근육질 몸을 만드는 곳이야. 날씬해지려고 노력하는 사람들이 가는 곳이기도 하지. 그런데 그곳이 위험하다고?

> 신체 이미지의 완벽한 틀에 자신을 맞추려는 소녀와 소년들의 욕구는 그 어느 때보다도 심각한 문제예요. 저는 16살 때 그런 모습을 많이 봤어요. 남자애들은 어깨가 넓은 근육질 몸을 이상적 기준으로 삼고 여자애들은 모델처럼 마른 몸이 되려고 애쓰는 식이었어요. 이런 사고방식은 정말 위험해요. 인생에 훨씬 중요한 것들이 많은데도 사람들은 외모에 우선순위를 두고서 식사를 거르고 몸을 혹사시키니까요. 잭, 26세

헬스클럽은 체력과 힘을 기르는 곳이고 그런 면에서 유익해. 하지만 그곳에 가는 목적이 건강과 체력보다 외모에 치중될 때 문제를 일으켜. 지방을 없애거나 특별한 모습이 되려고 특정 부위의 근육을 키우는 데에만 힘을 쏟거든. 건강한 다이어트가 몸이 제대로 기능하게 해 줄 음식을 골고루 즐겁게 먹는 것이라면, 운동은 헬스클럽이든 어디든 가서 건강한 몸과 체력을 기르는 일이지. 헬스클럽이 시간을 보내는 유일한 곳이어서는 안 돼. 균형 잡힌 삶과 건강한 몸과 마음을 유지하기 위해서는 그것 말고도 다른 중요한 부분들이 많아.

문제는 대부분의 사람이 극단적이고 위험할 정도로 오랜 시간을 들여 운동하지 않으면 근육이 선명하게 드러나는 몸을 갖기 힘들다는 데 있어. 몸에 있는 지방을 빼서 특정한 몸을 만들겠다는 강박은 섭식장애로 이어질 위험이 커.

소셜 미디어는 근육이 선명하게 드러난 탄탄한 몸의 모델들을 보여 주면서 헬스클럽 문화를 부채질해. 사진이 디지털 보정 작업을 거쳤는지 매번 확인하긴 어렵지만, 헬스클럽에서 시간을 오래 보내거나 단백질 보조제나 에너지 음료 같은 보충제를 많이 사서 먹으면 우리도 패션모델, 축구선수, 배우, 인플루언서처럼 지방이 거의 없고 근육이 선명하게 드러난 몸을 갖게 될 거라고 부채질하는 거지.

살을 빼야 한다는 압박감은 특히 여성들에게 어마어마해요. 다이어트 약은 활짝 웃는 마른 여성들의 모습을 내세우고, 버스 광고판에는 'X주 만에 X킬로그램 감량했어요'라는 문구가 큼지막하게 붙어 있어요. SNS에서는 '다이어트 자극 짤'이나 '운동 자극 짤'이라면서 마른 사람들의 사진을 계속 올리고요. 모두 특정한 체형이 좋다는 식으로 몰아가요. 그런 체형이 아닌 사람은 자신을 돌보지 않고 게으른 사람 취급받기 일쑤죠. 　　　　　　　　아이오나, 20세

몇몇 드라마에 등장하는 배우가 맡은 역할보다 나이가 많다는 점도 문제야. 이를테면 코리 몬테이스는 27살 때 드라마 <글리>에서 16살의 배역을 연기했어. 27살이라면 대개 십 대 소년보다 근육이 훨씬 많지. 즉, 코리 몬테이스는 불가능한 기준을 설정한 셈이야.

축구선수 크리스티아누 호날두는 치아, 피부, 얼굴, 눈썹에도 돈을 많이 들였어. 그의 모습은 남성 피트니스 모델의 전형이기도 하지. 그런 모습을 갖추려면 큰돈을 들여야 해. 우리는 그런 사람들을 '피트니스 아이콘'이라고 부르지만 실은 운동만으로는 어림없어.

'근육이 쫙쫙 갈라졌다'라는 표현은 체지방이 너무 적어서 근육이 도드라지는 몸을 묘사해. 쫙쫙 갈라진 근육을 갖기 위해서 보디빌더들은 특히 체지방을 줄이기 위해 노력하는데, 그 과정이 썩 유쾌하

지 않다는 점을 알아 둬야 해. 보디빌더들도 얼마나 위험한지 잘 알기 때문에 몸을 만드는 시간을 대회 직전 가능한 한 아주 짧게 가져. 즉, 쫙쫙 갈라진 근육은 강인함이나 건강을 의미하지도 않을뿐더러 근육량이 얼마나 많은지를 보여 주지도 않아. 피부 아래 지방이 얼마나 적은지를 보여 줄 뿐이지. 지금의 세상은 그야말로 외모 지상주의와 근육 지상주의로 물들어 있어.

만 16세 이하라면 헬스클럽보다는 다른 곳에서의 운동을 선택하는 것이 좋아. 학교의 체육 단련 시설을 이용하거나 집에 간단한 운동 기구를 마련해 두고 근력 운동을 하는 방법도 있지. 신체를 단련하는 데 비용이 적게 들거나 아예 들지 않는 여러 방법이 있다는 사실을 알았다면, 이제 선택은 네 몫이야. 헬스클럽에 다니는 편이 좋고 건강과 체력이 좋아진다 싶으면, 계속 그렇게 하면 돼. 너무 무리하거나 집착하거나 건강보다 외모를 위해서 운동하지는 마. 강박적으로 매달린다는 생각이 들면 누군가에게 털어놔야 해. 강박관념은 사소한 것에서 시작하지만 곧 모든 것을 지배하니까.

문화가 바뀌고 있다고?

텔레비전과 영화는 모든 문화에서 사람들이 자신을 바라보는 방식을 바꿨을 가능성이 있어. 1998년에 피지 제도의 여성 청소년들을 대상으로 아주 흥미로운 연구가 실시되었어. 피지에 텔레비전이 들어온 지 3년이 되던 해였는데, 이후 몇 년 동안 여성 청소년들이 다이어트와 그에 따른 부작용을 겪는 일이 급격히 늘어났어. 인터뷰는 날씬함보다 건강과 체력을 이상적 기준으로 꼽던 피지의 전통에서 벗어나 텔레비전 속 여성의 몸매를 따라가려는 경향을 잘 보여 줘.

이건 인터넷이 생기기 이전의 일이야. 지금은 미디어가 이상적인 미의 기준을 이미지로 보여 줘. 이상적인 미의 기준에 맞는 (날씬하고 탄탄하고 매끈하고 성적 대상화된) 외모나 성형 수술, 사진 보정, 조명, 화장 등의 조작으로 변형된 이미지를 쏟아내고 있지. 그런 이미지를 많이 볼수록 우리는 그런 모습을 당연하게 여기면서 그들과 자신을 비교하고 부정적인 생각에 빠질 가능성이 커.

♡ 나다운 몸을 위하여

네 방에 얼굴과 몸매를 인위적으로 손본 듯한 사람들의 사진을 걸어 뒀니? 그런 사진은 떼어 내고 건강하고 자연스러운 사진을 붙여 봐!

인터넷 포르노그래피의 영향

포르노그래피는 성적 흥분을 일으키기 위해 만든 글, 그림, 사진, 영화를 가리켜. 포르노그래피는 새로운 것이 아니지만 인터넷 포르노그래피는 잡지에 실리던 이미지와는 달라. 크게 두 가지를 꼽아 볼 수 있어. 첫째, 강간을 포함해서 극단적인 폭력을 묘사하는 경우가 많아. 둘째, 청소년들이 잡지보다 훨씬 쉽게 접근할 수 있어. 많은 사람이 인터넷 포르노그래피의 악영향을 걱정해.

정확한 수치를 찾기는 어렵지만 청소년들 상당수가 포르노그래피를 본다는 사실을 우리는 잘 알고 있어. 우연히 접하는 경우가 많지. 연구에 따르면 우연히 포르노를 접하는 일이 꽤 흔하고 보는 방법도 어렵지 않아. 금지된 것에 대한 자연스러운 호기심으로 보거나 친구들이 보여 주는 경우도 흔해. 친구가 보고 있는 것을 안 보기는 쉽지 않지. 안 본다고 했다가 놀림을 당할지도 모르고 말이야. 청소년들을 포함해서 포르노그래피를 보는 행동이 심각한 습관으로 발전해서 그런 욕망에 지배당하는 사람들도 있어.

어떤 점이 위험할까?

우리가 보고 읽는 것은 생각에 영향을 줘. 한두 번 본다고 변화가 생기지는 않겠지만 (어떤 이미지를 보고 난 뒤 그 생각을 멈출 수 없어서 방해받을 위험이 크지만) 한 가지 유형의 메시지를 계속 본다면 그것이 정상이라고 생각할 가능성이 매우 커. 너의 발달 단계를 정의하는 한 가지 요소는 네가 (이 책을 읽을 때의 나이에 따라) 성적으로 변화하는 중이고, 어렸을 때는 없던 욕망이 발달하고 있다는 점이야. 건강한 성적 발달과 미래에 이어질 관계를 위해 적절한 정보와 지원과 역할 모델과 아이디어가 필요한 때지. 인터넷 포르노그래피는 그런 것을 제공해 주지 않아.

대부분의 포르노그래피는 다음과 같은 잘못된 메시지를 조장해.

✦ 남성과 여성이 '섹시'하거나 매력적으로 보이려면 특정한 모습을 갖춰야 한다. 이런 기준은 포르노그래피에서 다음과 같이 표현된다.

여성의 경우 : 가는 허리, 큰 가슴과 엉덩이, 길고 윤기 나는 머리, 제모한 음부

남성의 경우 : 우람한 몸, 근육이 선명하게 드러난 '식스 팩' 복근, 제모한 몸

✦ 성관계는 동의 없이 폭력으로 제압하는 것이다.

✦ 폭력은 옳다.

✦ 여성은 지배당하고 아프길 원한다.

✦ 실제 남성과 여성은 이런 모습이어야 한다.

✦ 사랑, 애정, 존중은 성관계에서 중요하지 않다.

✦ 자연스러운 모습은 인위적인 모습보다 덜 매력적이다.

이런 메시지들은 모두 위험하고 잘못되었어. 이런 사실을 바탕으로 하면 좋은 관계를 만들어 나가지 못해. 이런 식으로 생각하는 사람이 있다면 불행한 관계를 감수해야 할 거야. 상대방에게 불만을 느끼고, 성관계를 걱정하고, 자기 몸을 부정적으로 느낄 수도 있어.

자기 몸과 관계가 좋으면 다른 사람과도 훨씬 쉽게 좋은 관계를 맺을 수 있어. 자기 몸을 싫어하거나 지금과 다른 모습이어야 한다고 생각한다면 친밀한 관계를 맺기 어려워. 인터넷 포르노그래피를 지배하는 이미지는 사람들에게 몸이 특정한 모습이어야 하고, 털도 특정한 부위에만 있어야 하며, 신체 부위도 정확히 어떠한 모양이어야 한다는 생각을 심어 줘.

포르노그래피를 만들기 위해 기술을 사용한다는 점도 알아 둬. 조명과 배경, 배우의 연기는 모두 전문적이고 노련하게 연출돼. 완벽해 보이는 배우들의 실제 삶은 어떨까? 평소에는 화장도 안 하고 화려한 조명도 없는 자기 집 소파에 편안하게 앉아서 쉬거나 식사를 하고 자신의 미래를 걱정하는 우리와 크게 다르지 않는 모습일 거야.

기억해 둬. 포르노그래피는 가짜야. 시청자들이 특정한 방식으로 느끼도록 치밀하게 설계된 영상이야. 사람들이 성관계를 가질 때면 으레 그래야 한다고 생각하도록 세뇌하기 위해 조작한 거야. 포르노그래피는 서로 사랑하고 지지하고 존중하는 인간의 힘을 훼손해.

♡ **나다운 몸을 위하여**
- -
기억하자. 온라인에서 보는 것 대부분은 조작되었어. 더 좋아 보이도록 고치고 보정하고 편집한 거야. 너는 사람들이 네게 보여주려고 하는 것을 보는 셈이지.

인터넷과 소셜 미디어는 신체 이미지에 긍정적인 영향과 부정적인 영향을 모두 줘. 셀럽 중에는 특정한 외모가 바람직하다고 설득하면서 강박적인 행동을 조장하는 이들이 있어. 그런 외모를 갖기 위해 비용이 많이 드는 방법을 광고하는 경우도 많지. 이런 부정적인 문화에 맞서면서 자연스럽고 다양한 몸매와 있는 그대로의 모습을 존중하도록 건강한 삶의 방식을 장려하는 사람들도 있어. 모든 연령대의 사람들이 보고 듣는 것에 영향을 받아. 한 가지 특정한 메시지만 계속 보고 읽는다면 그것이 정상이라고 믿기 쉬워. 다양한 생각과 이미지에 마음을 열고 온라인에서 보는 것이 전부가 아니라는 사실을 깨달으면 더 건강해지고 자신에 대해서도 더 좋게 느낄 거야.

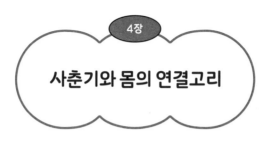

사춘기와 몸의 연결고리

청소년기는 몸과 뇌가 중요한 변화를 겪는 시기야. 어린이에서 어른으로 성장하는 과도기로, 네가 변하겠다고 결심하거나 어떤 행동을 하지 않아도 몸과 마음이 저절로 바뀌지.

> 어렸을 때는 외모에 대해 별로 생각하지 않았는데, 사춘기를 지나면서 신경이 쓰이기 시작했어요.   닌나, 14세

이번 장에서는 청소년들이 남성이나 여성으로 자랄 때 겪는 몸의 생물학적 변화에 관해 이야기할 거야.

먼저, 몸매가 풍만한 여성은 그렇지 않은 여성보다 더 여성스럽

지도 덜 여성스럽지도 않다는 사실을 기억하자. 몸매가 얼마나 볼륨 감이 있는지는 여성성에 영향을 미치지 않아. 다른 남성에 비해 근육이 많거나 수염이 많은 남성도 생물학적으로 남성성이 더 많은 게 아니야. 두 경우 모두 신체 각 부위의 모양과 크기가 다양하다는 걸 알아 둬.

 나다운 몸을 위하여

청소년기는 달리기 경기가 아니야. 모든 사람은 각자의 속도로 목표에 도착하지. 누구나 결국 그곳에 다다른다는 점이 중요해. 너보다 2년 위와 2년 아래인 학생들을 봐. 그 짧은 시간 동안 모습이 얼마나 제각각으로 성장하는지!

사춘기의 몸에는 어떤 변화가 일어날까?

2차 성징이라고 부르는 몸의 변화는 순서대로 일어나지 않아.

소녀들

이르면 만 8살에 시작되는 경우도 있지만 그보다 늦는 경우가 대부분이야. 십 대를 지나는 동안 언제든지 일어날 수 있어.

✦ '폭풍 성장기'라고도 불리는 시기로 키가 훌쩍 자라. 체형도 변하는데 엉덩이가 커지고 배에는 지방이 줄면서 가슴과 엉덩이에는 살이 붙지.

✦ 겨드랑이와 음부에 털이 자라.

✦ 생리가 시작돼. 보통은 만 11살에서 14살 정도에 시작하지만 만 9살에서 16살까지도 의학적으로 정상 범위라고 봐. 16살이 되어도 생리가 시작되지 않는다면 의사에게 진료를 받아보는 것이 좋지만 아무 문제가 없을 수도 있어. 생리는 불규칙할 가능성이 커.

✦ 가슴이 커져. 가슴이 너무 작다거나 너무 크다는 걱정도 흔히들 해.

저희 집은 형편이 좋지 않았어요. 교복이 짧아지면 천을 덧댔어요. 엄마는 생리대를 사 주지 않았는데 그 탓에 저는 거의 1년 동안 천을 생리대로 사용하느라 학교에서 애를 먹었어요. 그러느라 성적도 최악이었지요. 엄마는 브래지어가 좋지 않다고 생각해서(사려면 없는 돈을 들여야 했으니까요) 저는 꽤 오랫동안 브래지어를 못 했어요. 제 가슴은 25살도 되기 전에 처졌는데 그 때문에 지금도 몸에 자신이 없어요.

셸비, 30세

소년들

남자아이의 변화는 여자아이에 비해 늦는 편이야. 보통 만 11살이나 12살 정도에 시작하지만 더 빠르거나 더 늦을 수도 있어. 눈에 띄는 변화가 나타나는 시기로 의학적으로 '정상'이라고 여기는 연령대는 만 9살에서 14살경이야.

✦ 키가 자라고 체형이 변해. 폭풍 성장기는 남자아이가 여자아이보다 늦어서 대개 만 12살에서 13살경에 시작돼.

✦ 음부와 겨드랑이에 체모가 자라고 수염이 나.

✦ 음경과 고환이 커져. 몽정을 하고 발기와 사정을 해.

✦ 목소리가 굵어져.

✦ 십 대 중후반에는 근육을 단련할 수 있지만 그전에는 운동을 해도 근력이 강화될 뿐 근육이 커지지는 않아.

> 중학생 때부터 몸집이 커지고 얼굴도 변하기 시작했는데, 저는 꽤 만족했어요. 제 신체 이미지는 매우 긍정적이에요. 키도 크고 몸집도 커서 또래들 사이에서도 눈에 띄는 편이지요. 누군가 제 외모에 관해 말해도 전혀 당황하지 않아요.
>
> 토미, 18세

십 대 시절 신체 변화는
신체 이미지에 어떤 영향을 미칠까?

신체 이미지는 인생 초반 10년 동안에도 발달해 왔고, 너는 다른 사람들과 비교하며 자신의 외모에 대한 선입견을 품은 채 십 대를 시작하지. 그 시기에는 내면과 외부와 주변에서 아주 빠르게, 많은 것들이 변하고 그 때문에 여러 가지 어려움이 생겨.

 나다운 몸을 위하여

청소년기의 신체 변화를 긍정적인 마음으로 받아들여 보자. '내 몸이 해야 할 일을 하는 거야' '자연의 섭리는 정말 놀라워' 이런 식으로 생각해 보는 거야.

이런 변화가 신체 이미지에 어떤 영향을 미치는지 살펴보자. 생각해 봐야 할 세 가지가 있어. 이 세 가지는 모두 연결되어 있지.

✦ 또래와 비교할 때 몸의 변화가 느린지 혹은 빠른지
✦ 다른 사람의 시선을 의식하는지
✦ 변화가 마음에 드는지

느린가 빠른가?

너는 또래 친구 중 사춘기를 시작하는 첫 번째 혹은 마지막 사람일 수도 있어. 어느 쪽이든 모두 괴롭고 남의 시선이 신경 쓰이지. 놀림당하거나 괴롭힘을 당하기도 하고, 별 뜻 없는 말에 감정이 요동치기도 해. 이런 변화는 몇 년간 계속되는데 한동안 네 감정을 지배할 수도 있어.

> 교복은 신체 이미지에 도움이 되지 않아요. 편하면서 나를 나답게 해 주는 옷을 입고 학교에 다녀야 한다고 생각해요. 평가당할지도 모른다는 생각에 숨고 싶은 마음이 들어서는 안 돼요. 이 모든 것이 자신감과 연결되니까요. 아퀼랏, 14세

알다시피 주변 사람들과 자신을 비교하는 행동은 자연스러워. 다른 사람보다 신체 발달이 빠르거나 늦다는 점을 알아차리게 되면 내가 두드러진다고 느끼기 쉽지.

여자아이들은 가슴이 커질 때 굉장히 힘들어해. 가슴이 너무 커서 힘든 아이도 있고 거의 자라지 않아서 괴로울 수도 있지. 두 상황 모두 놀림거리가 되기도 해. 최근에는 큰 가슴을 소위 '이상적' 미의 기준의 한 요소로 꼽는데, 대부분의 소녀들은 그 '이상적'인 기준에 도달하기 어려워.

생리를 일찍 시작해도 힘들긴 마찬가지야. 어떤 문화권에서는 생리를 시작하면 머리에 스카프 같은 천을 두르거나 옷을 다르게 입는데, 이런 행위는 사적인 일을 공개적으로 드러내 전시하는 꼴이야. 또 생리를 하면 '불결한 사람' 취급을 하면서 숨어 지내게 하는 문화도 있어.

남자아이들에게 있어 남성이 되었음을 보여 주는 징후를 감당하는 일 역시 힘겨워. 수염이 자라는지 자라지 않았는지, 근육이 발달했는지, 목소리가 굵어졌는지, 발기와 몽정을 경험했는지, 음경이 평균보다 크거나 작은지 여부가 그래. 이 모든 것들은 다른 사람의 시선을 의식하는 원인이 돼. 또래보다 이르거나 늦게 겪는다면 특히 더 그렇지.

다른 사람의 시선을 의식하는 것

타인의 시선을 의식하는 행동은 십 대의 특징 중 하나야. (이것은 십 대의 '전형적인' 행동을 가리켜. 즉, 모두가 겪지는 않지만 십 대 중 많은 경우가 그렇다는 뜻이야.) 십 대들이 사회적으로 난처한 상황을 경험하거나 생각하면, 뇌에서 당황할 때 활성화되는 영역이 다른 연령대보다 훨씬 활발하게 반응하는 경향이 있어. 그래서 십 대들은 어른들보다 당황하는 모습을 자주 보여.

어렸을 때 저는 머리칼이 직모였으면 좋겠다고 생각했어요. 지금은 제 머리칼이 마음에 들어요. 예전엔 코가 마음에 안 들었지만 지금은 신경 쓰지 않지요. 데이지, 14세

너는 아마 매우 자주 다른 사람의 시선을 의식할 거야. 모든 사람이 너를 쳐다보면서 판단한다고 느낄지도 몰라. 그럴 때도 있겠지만 그렇지 않을 때가 더 많아. 사람들은 금세 잊어버리는 경향이 있어. 하지만 너는 여전히 그 사람들이 너에 관해 생각하고 있을 거라고 넘겨짚을 거야.

놀림받는 일은 나이랑 상관없이 불쾌한 경험이야. 생물학적으로 타인이 더 신경 쓰이고 외모가 (마음에 들지 않는 방식으로) 변화를 겪는 중일 때 외모가 놀림감이 된다면 그야말로 고통의 지름길이야.

♥ 나다운 몸을 위하여

남의 시선이 신경 쓰인다면 사람들이 너를 보고 있지 않다는 사실을 되새겨 보자. 사람들은 대부분 자기 생각에 빠져 있어. 너처럼 말이야. 다른 사람을 의식하느라 불안하고 땀이 난다면 호흡법을 배워서 실천하는 것도 좋아.

변화를 좋아하는지 싫어하는지

사람들은 자신이 겪고 있는 변화를 여러 가지 이유로 각자 다르게 느껴.

✦ 자신이 속한 가족이나 커뮤니티의 성향에 따라 - 어떤 부모나 보호자들은 좀 더 개방적이고 몸의 변화에 대해 편안하게 이야기하는 편이야. 반대인 경우도 있겠지.

✦ 자기 몸에 대해 어떻게 느끼는지에 따라

✦ 자기 성별을 어떻게 느끼는지에 따라

✦ 다른 사람의 시선을 얼마나 의식하는지에 따라

✦ 친구들의 성향에 따라

✦ 학교와 가정에서 신체 변화에 대해 어떻게 배웠는지에 따라

✦ 기분과 행복 수준에 따라

통제 받(지 않)기

누구나 자기 인생과 몸을 통제하고 싶어 해. 내 뜻대로 하지 못한다는 느낌은 모든 연령대에서 발생하는 스트레스 관련 질병의 주요 원인 중 하나야. 그런데 십 대들의 위치는 좀 특별해. 더 많이 통제하고 싶어 하지만 마음대로 되지 않을 때가 많거든. 어린이라면 통제

받는 것에 그다지 신경 쓰지 않을 테고, 어른들에게는 자기만의 규칙을 만들 능력이 있어. 하지만 너의 경우는 조금 다를 거야. 너는 여러 가지를 통제하고 싶은데 어른들이 규칙을 정하고 거기에 따라야 하는 일이 많으니까.

섭식장애가 십 대 때 시작되는 경우가 많은 이유가 그래서야. 음식을 제한하거나 운동을 엄청나게 하면 몸매를 바꿀 수 있다고 생각해. 그러면 통제권을 쥔 것 같거든. 그런데 결국 통제권을 쥐는 것이 아니라 섭식장애에 휘둘리고 말지.

섭식장애는 신체 이미지를 이야기할 때 매우 중요한 부분을 차지하기 때문에, 7장에서 본격적으로 다룰 거야. 여기서 먼저 언급하는 까닭은 청소년기에 섭식장애가 시작되는 일이 너무 많기 때문이야. 십 대 시절 몸에 대해 품는 심각한 불만이 섭식장애의 강력한 변수라는 증거도 있어. 십 대 때 긍정적인 신체 이미지를 쌓아 나가는 일은 정말 중요해.

♡ 나다운 몸을 위하여

시도 때도 없이 감정이 북받친다고? 괜찮아! 격한 감정이 밀려오면 자신과 다른 사람이 다치지 않도록 관심을 다른 데로 돌려 봐. 달리기, 심호흡 다섯 번, 99부터 거꾸로 3씩 건너뛰면서 숫자 세기, 주먹으로 베개 치기, 음악 크게 틀고 춤추기, 산책하기, 차분한 표정으로 감정을 숨기고 그 장소에서 벗어나기 같은 것들이 도움이 돼.

주변의 모든 것이 바뀌는 중인데다 자신이 누구고 어떤 사람이 되어야 할지 심사숙고 해야 하는 시기에 신체 변화까지 동시에 겪기 때문에, 십 대들은 스트레스와 좌절감을 느끼고 다른 사람의 시선을 의식 하면서 불만이 늘어나. 말 한마디에 상처를 받기도 하지.

하지만 이런 신체 변화와 그에 따른 불편감은 지나가기 마련이야. 성인의 몸으로 자라면 그것이 너의 새로운 기준이 될 거야. 자신과 친구들에게 친절하게 대해. 도움이 필요하거나 신체 변화와 관련해 걱정스러운 점이 있다면 믿을 수 있는 어른에게 털어놓고 도움을 받아야 해.

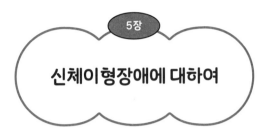

5장

신체이형장애에 대하여

신체이형장애란 무엇일까?

신체이형장애body dysmorphic disorder는 정신장애의 한 형태로 강박장애와 관련이 있어. 'dys'는 고대 그리스어로 '안 좋은, 잘못된, 부정적인'이라는 뜻이야. 'morphic'은 '모양의'라는 뜻인데, 여기서는 모양뿐만 아니라 눈에 보이는 신체의 여러 모습을 가리켜. 이형증은 자기 신체 부위가 이상한 형태로 보이고, 극단적으로 부정적인 신체 이미지를 가진 상태를 뜻해. 신체이형장애를 가진 사람들은 불안장애나 섭식장애 혹은 우울증을 겪는 일이 많아.

십 대 초반에는 제 몸집이 엄청 크다고 믿었어요. 그때 사진을 보면 저는 평균과 마른 몸의 중간쯤인데, 그 사실을 몰랐던 것 같아요.

실라, 19세

자기 외모를 정확하게 인식하는 사람은 없을 거야. 대부분은 자기 외모에 지나치게 비판적이지. 신체이형장애를 가진 사람들은 이런 증상이 극단적으로 나타나고 몸에 대한 걱정이 건강하고 활동적이고 평범한 삶을 사는 데 방해가 될 정도록 심각해. 그들은 마음에 들지 않는 신체 부위에 대해 생각하는 일을 멈추지 못해. 증상은 그날그날 달라. 좀 괜찮다가도 심해지고 살면서 느끼는 다른 걱정거리와 연결되기도 해.

신체이형장애의 두 가지 주요 증상은 강박적인 감정이나 생각과 강박 행동이야.

강박관념

신체이형장애를 가진 사람은 자기 몸이나 신체의 어떤 면을 혐오하는 감정에 사로잡혀. 자신이 어떤 면에서 혐오스럽다고 믿지. 예를 들어 몸무게나 체형이나 얼굴이나 피부가 역겹고, 자기가 싫어하는 특징을 모두가 알아보고 정말 흉하게 생각한다고 믿어. 아무리 안심시키려고 해도 그 말을 곧이듣지 않아.

> 십 대 때 저는 코가 크다는 생각에 집착했어요. 손도 그랬고요. 손을 보면 그런 생각이 들지 않았지만 손을 안 보고 있을 때는 괴물 손처럼 느껴졌어요. 코도 마찬가지로 커다랗게 느껴졌어요. 코 수술을 받는 꿈도 꿨어요. 그런데 어느 순간부터 그런 생각이 들지 않더라고요. 제 코가 작다고는 말 못 하지만 이제 그런 생각 자체를 하지 않아요. 다른 누구도 아닌 제 코이고 제 손이잖아요. 인식과 감정은 변해요. 그걸 이전에도 알았더라면 좋았겠다는 생각을 해요.   마리, 29세

우리가 단점이라고 생각하는 부분은 아주 사소한 것을 과장한 결과일 수 있어. 코는 평균보다 살짝 크겠지. 몸무게는 평균보다 조금 더 나가고 키도 조금 더 클 거야. 작은 흉터나 잡티가 있겠지. 신체이형장애를 겪는 사람들은 이런 부분을 거대하고 무시하기 힘들다고 느껴.

단점이 전혀 존재하지 않는 경우도 있어. 신체이형장애 환자는 그렇게 볼 부분이 전혀 없는데도 자신을 못생겼다거나 뚱뚱하다고 생각하고, 피부가 거칠다거나 손이나 발이 역겹다고 믿어.

신체이형장애 환자는 그런 생각에 강박적으로 매달려. 다른 문제로 인한 불안이 느껴지면 이런 증상을 평소보다 더 자주 겪기도 해. 수업 중에 발표를 해야 하거나 모임에 참석해야 하는 등 많은 사람과 함께 해야 하는 일을 앞뒀을 경우에도 증상을 일으킬 수 있지. 신체이형장애 환자는 모든 사람들이 자기를 끔찍하게 볼 거라는 생각에 집착해. 이 때문에 사람들과 함께 어울려야 하는 상황을 피하기도 해. 이런 증상은 강박 행동으로 이어지기도 하지.

성형 수술

신체이형장애를 겪는 사람은 수술이나 여러 시술을 받아야 한다는 생각에 집착하기도 해. 그 방법이 비정상적인 신체의 문제를 해결할 수 있다고 믿기 때문이지. 연구에 따르면 심각한 신체이형장애를 겪는 환자 중 성형 수술을 받은 사람들은 대개 결과에 만족하지 못해. 문제는 신체이형장애 환자의 혼란스러운 생각에 있어. 진짜 문제는 마음에 있는데 몸에 문제가 있다고 생각하는 거야. 몸을 바꾸면 문제가 해결될 거라고 생각하지만 생각과는 달리 더 큰 불만이 생길 때가 많아.

성형외과를 찾아서 수술에 관해 상담할 때 의사는 먼저 신체이형장애가 있는지 검사를 받도록 해야 해. 수술이 도움이 되지 않을 가능성이 크기 때문이지. 환자들은 의사에게 신체이형장애를 털어놓기가 쉽지 않아. 안타깝게도 많은 성형외과 의사들이 신체이형장애

검사를 필수로 시행하지 않아. 그래서 성형 수술부터 받을 게 아니라 정신건강의학과를 찾아가 상담을 받는 게 좋아.

강박 행동

이런 것들이 강박 행동이야.

✦ 거울을 자주 보거나 거울을 필사적으로 피해.

✦ 사진 찍기를 거부하고 사진 찍히는 상황에서 매우 불안해해.

✦ 걱정되는 부위를 감추려고 공을 들여. 화장을 짙게 하거나 스카프 등으로 가려.

✦ 손톱 거스러미를 피가 날 정도로 계속 떼어 내.

✦ 사람들에게 계속 확인하지만 반응을 믿지는 않아.

✦ 다른 사람과 자신을 계속 비교해.

✦ 밖에 나가지 않으려 해.

✦ 모공과 작은 점까지 피부를 굉장히 세밀하게 살펴.

몇몇 행동은 가끔 한다면 정상으로 볼 수 있어. 이를테면 체형, 얼굴, 피부색에 맞춰 화장을 하거나 옷을 선택하는 것은 문제가 되지 않아. 외출하기 전에 어떤지 확인하거나 친구에게 괜찮아 보이는지 물어보는 행동도 괜찮아. 사진 찍기를 싫어하는 사람도 꽤 많지. 합리적이고 통제력 있는 결정이라기보다 강박과 충동 때문에 지나치게 자주 그런 행동을 할 때는 문제라고 봐야 해.

신체이형장애의 진단은 증상으로 심하게 고통받고 일상생활을 제대로 해 나가기 힘들 때 내려져. 사람마다 차이가 있고 증상이 가벼운 경우도 있어. 하지만 신체이형장애를 겪는 사람 대부분은 부정적인 신체 이미지의 일반적인 수준을 넘어서. 신체이형장애는 일상생활을 정말 힘들게 만들어. 이들은 집 밖으로 나가지 않거나 모임이나 가족 여행을 꺼릴 가능성이 커.

> 제가 7살 때 부모님은 좋은 뜻으로 저에게 다이어트를 시켰어요. 그때부터 다이어트와 무절제한 식사를 몇 년간 반복했어요. 저는 게으르고 욕심이 많아서 뚱뚱하다는 말을 계속 들었어요. (실제로 이렇게 말하지는 않았지만 제가 해석한 메시지는 그랬어요.) 체중이 많이 나가지 않을 때조차 제 마음속의 이미지는 뚱뚱하고 못생긴 사람이었어요. 폭식, 자기혐오, 다이어트 실패를 겪으면서 음식은 제가 감정에 대처하는 수단이 되었지요. 저는 상담을 받고 다른 여성들이 비슷한 주제로 쓴 글을 읽으면서 도움을 받았어요. 제 몸을 혐오감 없이 바라보기까지 여러 해가 걸렸어요.
>
> 레이첼, 35세

신체이형장애는 생각보다 많은 사람들이 겪고 있는 일이야. 치료를 할 수 있다는 사실을 모르거나 수치심 때문에 의사에게 가지 않는 사람도 많아. (부끄러워할 필요가 없고 치료할 방법도 있어!)

다양한 연령과 성별의 사람들이 신체이형장애를 겪지만 십 대들에게서 훨씬 흔해. 몸과 마음이 큰 변화를 겪는 시기라는 점과 관련이 있지. 신체이형장애는 우울증을 동반하기도 해. 자살 충동을 느끼기도 하고, 실제로 목숨을 끊기도 해. 그렇기 때문에 의사를 찾아가서 진단받고 도움을 얻는 일이 매우 중요해. 우울하다고 생각하거나 자살을 생각해 본 적이 없더라도 학교와 직장과 사회에서 열심히 살아갈 능력과 인생을 해롭고 부정적인 생각으로 망칠 이유는 없잖아. 자해 역시 신체이형장애와 관련이 있는 경우가 있어. 혹시 자해할 마음이 생기거나 그런 유혹을 받은 적이 있다면 반드시 전문가의 도움을 받아야 해.

신체이형장애를 부끄러워하지 마. 다른 불안장애와 마찬가지로 그건 네 잘못이 아니야. 허영심이 많거나 자기애가 강하다는 뜻도 아니야. 그저 생각하는 패턴에 문제가 생겨서, 해롭고 건강하지 않고 극도로 고통스럽고 장애가 생길 만큼 심각하게 불안감을 느끼는 상황인 거지.

♥ 나다운 몸을 위하여

몸에게 친절하게 대하자. 몸은 아무런 잘못도 없어. 그저 고맙게
여겨야 하지. 그러니 있는 그대로 즐겨. 목욕으로 몸과 마음을 편
안하게 풀고, 발을 오일로 마사지해 봐. 매니큐어를 예쁘게 칠해
도 좋아. 얼굴 각질을 제거하고 좋은 크림을 발라 봐. 양팔로 어깨
나 허벅지를 끌어안고 최선을 다하는 몸에 감사해 봐.

신체이형장애의 원인은 뭘까?

부정적인 신체 이미지의 수준이 일반적인 범위 안에 있다가 이
런 괴로운 장애로 발전하는 원인이 무엇인지는 밝혀지지 않았어. 신
체이형장애를 겪는 사람들은 다른 정신 장애를 가지고 있는 경우가
많아. 그러니 원인을 찾는 일이 쉽지 않아. 유년 시절 충격적인 경험
이 원인이 되기도 해. 유전적인 영향도 무시할 수는 없어. 우리가 알
지 못하는 원인으로 인한 뇌 화학 물질의 불균형이 이유일 가능성
도 있어.

근육이형증

근육이형증Muscle Dysmorphia은 신체이형장애의 특이 유형으로 근육이 충분하지 않다는 데 집착하는 증상을 보여. 근육이형증이 있는 사람은 실제로는 정상 범위에 속하는데도 자기 근육이 작고 약하다고 믿어.

근육이형증은 여성보다 남성에게 흔해. 근육이 잘 발달한 몸은 남성에게 훨씬 흔한 목표이기 때문이야. 그렇다고 해도 누구나 겪을 수 있어. 근육이형증을 겪는 사람은 헬스클럽에서 지나치게 많은 시간을 보내고 한 번이라도 못 가면 무척 괴로워해. 운동을 하지 않을 때도 근육 크기를 살피면서 그 생각만 하지. 섭식장애에 가까울 정도로 음식을 제한하고 조절하기도 해. 이들의 삶은 건강과 체력보다 외모 때문에 근육을 키우려는 강박에 지배를 받는 경우가 많아.

> 마음이 괴로우면 제 몸이 눈앞에서 자라는 것 같았어요. 누군가가 쳐다보면 몸이 자라서 제가 있는 공간을 꽉 채울 것 같았고요. 모임에 가야 할 때면 옷을 갈아입을 때마다 불안과 함께 몸이 점점 커지는 듯 보였어요. 결국 모임에는 못 가지요.　　　　　　　　　　　　　　　　　　루나, 15세

신체이형장애 치료하기

많은 질환이 그렇지만, 신체이형장애 역시 나라마다 치료법이 다르기 때문에 반드시 정신건강의학과에서 심도 깊은 상담을 받아야 해.

전문가의 의학적 조언을 따르는 일은 매우 중요해. 다른 사람의 처방약을 먹어서는 절대 안 돼. 사람마다 다르게 작용할 가능성이 있고 위험한 영향을 미칠 수 있어. 정신 건강에 영향을 미치는 항우울제나 다른 약물을 복용하는 일은 누구나 주의해야 하지만, 특히 청소년에게는 전문의의 면밀하고 정기적인 관찰이 필요해. 부작용을 겪으면 바로 진료를 받아야 해. 생각의 변화가 생기거나 자살 충동을 겪는다면 반드시 의사에게 말해야 하고.

몇 달 뒤에도 효과가 없다면 더 전문적인 치료를 받아 봐야 해. 처음 시도한 치료법이 잘 듣지 않았다고 실망하지 마. 시간이 필요하거나 다른 치료법을 시도해야 하거나 다른 전문가를 찾아야 할 수 있어. 정신 건강상 어떤 계기가 필요하거나 발단 단계상 변화가 필요한 경우도 있지. 치료에는 시간이 필요해. 그러니 이런 상태가 영원히 계속되리라는 생각은 떨쳐 버리는 것이 좋아.

저는 뚱뚱하고, 못생겼다는 생각을 떨쳐내기가 너무나도 힘들었어요. 그 무엇도, 그 누구도 제 생각을 바꾸지 못했어요. 친구나 상담 선생님이 제 생각을 바꾸려고 하면 제 생각이 옳다고 고집부리면서 싸웠지요. 프레야, 17세 신체이형장애는 자기 몸이 혐오스럽다는 믿음에 집착하는 강박 장애야. 이 증상을 겪는 사람들의 자기혐오는 너무 심해서 일상의 여러 부분에 영향을 미치고 생각을 지배당해. 성별과 연령에 상관없이 이 문제를 겪을 수 있지만, 나이 든 사람들보다 청소년과 젊은 층이 자주 겪어. 신체이형장애는 의학적 도움이 필요한 질병이야. 신체이형장애를 겪고 있다는 생각이 든다면 믿을 만한 어른에게 이야기하거나 의사를 찾아야 해. 부끄러워하거나 곤란해할 필요는 없어. 마음이 제대로 작동하기 위해 도움이 필요한 것뿐이야.

6장

외모의 차이를
안고 살아가기

눈에 띄게 다르다는 느낌에 분명한 이유가 있는 사람들이 있어. 신체에 예사롭지 않은 부분이 있어서 다른 사람들의 눈에 쉽게 띌 수도 있고. 예를 들어 흉터나 안면 기형이 있거나 사지 일부가 없거나 더 있는 경우일 수도 있지. 차이가 눈에 보이지 않는 경우도 있지만 자신은 그 부분을 알고 그 때문에 다른 사람과 다르다는 것을 알고 있지. 당뇨병처럼 주기적인 치료가 필요한 병이나 위나 장이 제대로 기능하지 않는 질환 같은 경우가 그래.

차이점이 손상을 가리킬 때

사람은 다 다르고 '정상 범위'에는 수많은 버전이 있다는 걸 너도 잘 알 거야. 우리가 자주 보는 모델들의 체형은 극히 일부를 대표할 뿐이라는 이야기를 앞에서 했지.

그럼에도 많은 사람이 자신의 몸에 대해 상당히 부정적이야. 그런데 어떤 사고나 선천적인 문제로 눈에 띄는 특징을 갖게 되었고 그 때문에 부정적이고 힘든 경험을 하는 경우도 있어.

> 사람들이 가끔 제 얼굴의 점을 가지고 뭐라고 하는데, 그럴 때면 화가 나요. 저는 사람들이 제 얼굴을 안 봤으면 좋겠어요.
>
> 시드, 13세

영국의 체인징 페이스Changing Faces라는 단체는 눈에 보이는 차이를 지닌 사람들의 다양한 면면에 대한 인식을 높이고 이해를 돕기 위해 여러 가지 정보를 제공해 줘. 이 단체에서는 '손상'이라는 단어를 사용해. 체인징 페이스는 그 사람에게 어떤 일이 있었는지 설명하는 문구를 사용해야 한다고 주장해. 예를 들면, 선천적 구순구개열이 있다거나 화재로 화상을 입었다고 말하는 식이지.

눈에 보이는 차이의 유형

다르게 보이는 특성은 다양하게 나타나. 날 때부터 얼굴에 큰 반점이 있거나, 거인증이나 왜소증, 턱관절 안면 비대칭처럼 얼굴에 어떤 특징이 있기도 해. 흔한 증상으로 입술과 입천장이 갈라진 채로 태어나는 구순구개열이 있어. 탈모를 겪을 수도 있고 암을 치료하기 위해 신체 일부를 절단해야 하는 경우도 있어. 그런 일은 나이와 상관없이 일어나. 피부 질환을 앓는 경우도 있어. 심한 습진, 화상, 임신이나 몸이 자라면서 피부 진피가 갈라져 생기는 '튼살' 등 흉터가 있는 경우도 있어. 자해로 흉터가 남을 때도 있지.

세상에는 이런 어려움을 안고 살면서 원치 않는 관심과 차별을 마주하고, 거슬리는 질문을 받고, 학교나 직장에서 할 줄 아는 것이 없으리라는 편견을 마주하고, 미디어와 사람들의 갖가지 고정관념에 시달리는 사람들이 셀 수 없이 많아. 네 주변에도 이런 경험을 하는 친구들이 있을지 몰라. 하지만 우리는 모두 똑같은 존재야. 약할 때도 있고 강할 때도 있지만 우리는 모두 같은 사람이지

사람들은 (잔인한 행동을 할 때도 많지만) 대개 일부러 잔인하게 굴지는 않아. 그렇지만 누군가가 빤히 쳐다보거나 꼬치꼬치 캐묻거나 가르치려 든다면 '나는 여느 사람과 똑같은 대우를 받지 못하는구나'라고 느낄 수 있어. 다시 말해, 어떤 사람은 그런 행동을 차별로 받아들일 가능성이 높아.

눈에 보이는 차이는 배경, 성공, 지능, 돈, 성격에 상관없이 누구

에게나 생길 수 있어. 현대의 성형 수술도 차이를 완벽하게 없애지는 못해.

눈에 보이는 차이점에 대처하기

두드러지게 눈에 띄는 특징은 당사자의 신체 이미지와 어떤 관련이 있을까? 이야기 속에 등장하는 악당들은 흉터가 있거나 등이 굽은 모습으로 표현될 때가 많아. 흉터가 있거나 등이 굽은 사람은 그런 상황을 어떻게 느낄까? R. J. 팔라시오의 『원더』에 등장하는 얼굴 기형이 있는 소년 어거스트처럼 태어날 때부터 어떤 특징을 지닌 경우와 신시아 보이트가 쓴 『이지, 윌리 닐리』에서 자동차 사고로 한쪽 다리를 잃은 이지, 주디 블룸이 쓴 『내 이름은 디니』에서 쌀쌀맞고 못되게 굴다가 척추 옆굽음증 진단을 받으면서 다른 사람을 대하던 태도를 다시 생각하는 디니처럼, 살다가 어떤 사건을 겪고 눈에 띄는 특성을 갖게 된 뒤 자신의 경험을 통해 타인에게 공감하게 되는 경우는 어떻게 다를까?

> 저는 어렸을 때 습진이 굉장히 심했어요. 무척 아팠고, 보기에도 끔찍했어요. 학교 친구들은 저를 같은 팀으로 뽑아 주지도 않았고 수업 시간에는 제 옆에 앉으려 하지 않았어요.

"쟤 옆에 앉았다가 옮으면 어떡해요"라고 말하면서요. 감추려고 할수록 증상은 심해졌어요. 어느 날 저는 '될 대로 되라지' 하는 심정으로 상처 부위를 드러내고 다니기 시작했어요. 걱정하면서 감추려 애쓰지 않으니까 오히려 좋아지더라고요. 저를 괴롭히던 아이들이 여드름에 시달릴 때쯤, 제 습진은 다 나았어요.   던, 15세

앞서 던진 질문에 대한 대답은 개인에 따라 달라. 어린 시절부터 다른 사람들과 다른 모습으로 보였다면, 그들은 다른 사람들이 신경 쓰는 사소한 일에는 별로 신경 쓰지 않을 수 있어. 또는 무심코 한마디를 하는 사람들이나 자신이 부정적으로 대우받을 때 분노를 느끼며 화를 낼 수도 있을 거야. 누군가는 자신의 모습에 대해 좋은 이미지를 주기 위해 운동을 하거나 몸에 대한 긍정적인 인식을 홍보할 수도 있어. 어떤 이들에게는 매우 어려울 수도 있고, 어떤 이들에게는 상상 이상으로 쉬울 수도 있어. 그들의 친구, 부모님, 선생님은 지지를 해 주거나 현명하게 이끌어 줄 수도 있고 아닐 수도 있겠지. 모든 삶은 달라. 아무도 남의 삶을 알고 있다고 가정해서는 안 되는 이유지.

눈에 보이는 차이와 소셜 미디어

소셜 미디어에는 두 가지 측면이 있어. 긍정적인 면을 꼽자면 소셜 미디어에서는 비슷한 경험을 한 사람들과 소통하고 서로의 경험을 나누면서 조언을 구하고 격려도 받을 수 있다는 거지. 얼굴을 보지 않고 온라인에서 어울리는 것이 훨씬 편할 때도 있긴 해. (꼭 그래야 한다고 생각하지는 말자.)

부정적인 면은 온라인에서 일부 사용자가 보여 주는 심각한 잔인성 때문에 발생해. 가혹하고 무지한 사람은 소수지만, 그 말을 접하는 이에게는 끔찍한 욕설 한 마디도 너무 치명적이야. 방송에 출연하거나 사진이 온라인에 공유된 뒤에 끔찍한 댓글에 시달렸다는 사람의 이야기를 들어 본 적 있을 거야. 체인징 페이스의 보고서에는 이런 사건이 담겨 있어. 가장 눈에 띄었던 것은 TV 방송에서 자신의 개인적인 아픔에 관해 이야기했던 한 여성의 사례였어. 그 여성은

TV 출연 후 다른 여성에게 당신 같은 사람은 TV에 나오지 말아야 한다는 메시지를 받았다고 했어. 어떤 기준으로 보더라도 역겹고 비인간적이고 잔인한 행동이야.

그런 상황을 목격하면 반드시 신고해야 해. 소셜 미디어를 소유하고 운영하는 기업도 책임이 있는데 그런 충격적인 행위를 처벌하거나 방지하는 조처를 하지 않는 경우가 많아. 소셜 미디어를 통한 괴롭힘은 엄격하게 처벌해야 해. 사람이라면 그래서는 안 되잖아?

진짜 세상을 반영하기

영상 매체에는 눈에 보이는 차이를 가진 사람들이 더 많이 출연해야 해. 단지 보여 주기 위해서가 아니야. 영상 매체는 실제 세상을 반영하기 때문이야. 체인징 페이스의 주요 보고서에서 한 응답자는 이렇게 말했어. "미디어 속 세상에는 신체가 손상된 사람이 존재하지 않아요. 우리는 투명 인간 같지요. 저에게 이런 상황은 미디어 기

124

업들이 나 같은 사람들을 신경 쓰지 않는다는 뜻으로 와닿아요. 방송에서 휠체어를 탄 사람은 전보다 많이 볼 수 있지만 외모에 차이가 있는 사람들은 어디에 있나요? 피부에 모반이 있는 사람은요? 화상을 입은 사람은요?"

작가 젠 캠벨은 외배엽이형성증Ectodermal Dysplasia이라는 질환이 있어. 이 질환은 피부, 손가락, 치아, 머리카락 등에 눈에 띄는 특징이 나타나. 젠 캠벨은 외모에 차이를 가진 사람들이 매체에 좀처럼 등장하지 않고, 이야기 속에서는 악당으로 묘사되는 상황을 아주 잘 설명했어.

> 저는 외배엽이형성증을 갖고 태어났어요. 그건 인체의 특정 부분을 더 혹은 덜 가진 채 태어났다는 뜻이지요. 저는 손가락이 몇 개 없고 치아 기형이 있어요. 이 질환의 영향으로 탈모를 겪고 있고, 눈과 피부와 신장도 제 기능을 못 한답니다. 어렸을 때 손가락이 제 역할을 최대한 할 수 있도록 의사 선생님이 치료해 주셨는데 그러느라 병원에서 오랜 시간을 보냈어요. 자라면서 친구들은 제 상태에 대해 솔직히 이야기하고 잘 받아들였어요. 경계하는 쪽은 어른들이었지요. 우리가 이런 이야기를 하지 않는다면, 사람들은 무지한 채로 지내겠지요. 이런 상황은 미디어가 손상과 장애를 보여

주는 방식과도 관계가 있다고 생각해요. 영화에서 '악당'은 흔히 흉터가 있거나 장애를 가진 모습으로 등장하는 일이 많아요. 역사적으로, 심지어는 오늘날에도 손상은 악의 표시로 사용되지요. 제임스 본드 영화의 악당이나, 로알드 달의 『마녀를 잡아라』, 디즈니의 스카, 후크 선장 등등, 이름을 대자면 끝도 없어요.

손상과 장애는 지나치게 감상적인 이야기에도 자주 등장해요. 그런 영화나 책은 대부분 비장애인이 만들었고, 그 결과 비장애인 독자나 관람객이 다른 모습을 가진 사람에게 공감했다는 이유로 기분이 좋아지는 작품이 탄생하지요. 공감이 필요하긴 하지만, 치밀하게 조사하고 섬세하게 표현된 이야기가 아니라면 문제가 되기도 해요. 주류 언론에서 다루는 장애와 손상을 둘러싼 이야기에는 다양성에 대한 묘사가 더 많아야 해요. 우리에게는 장애와 손상을 지닌 사람들이 직접 참여한 창작물이 필요합니다. 그래야 건설적이고 다양한 대화를 이어 갈 수 있어요.

젠 캠벨

정면으로 마주하기

넌 네 몸이 '불완전하다'고 느낄지도 몰라. 그런데 이것만큼은 분명히 기억하자. 완벽함은 존재하지 않아! 네가 몸에 관해 계속 신경 쓰고 다른 사람이 너를 다르게 보거나 부정적으로 보거나 혹은 불쌍하게 볼 거라는 느낌에 시달리는 까닭이 네 몸의 상태 때문이라고 생각할 수도 있어. 만약 그렇게 보는 사람이 있다면 그건 그 사람의 문제야. 네가 처한 상황 때문에 화가 날 수도 있어. 부정적인 감정에 네 삶이 지배당한다면 상담을 받아 보는 것도 좋아. 상담을 통해 몸은 각자 다 다르고, 어떤 어려움을 마주하더라도 감당해 낼 수 있으며, 힘든 상황이 너를 규정할 수 없고, 훨씬 멋진 일들을 해낼 능력을 없애지도 못한다는 사실을 깨달을 수 있을 거야.

그 모든 감정을 비롯해서 그 이상의 감정이 드는 것도 당연해. 엄청나게 부정적인 감정이 밀려오는 단계를 겪을 수도 있어. 의사가 틀렸고 네가 어떤 기분인지 모르리라고 믿으면서 꼭 받아야 할 치료를 거부할 수도 있어. 이런 반응도 지극히 정상이야. 이런 상태를 잘 감당하려면 자신의 상황과 어떤 선택이 가능한지 자세히 알아야 해. 또 너와 비슷한 경험이 있는 사람들과 교류하는 것도 도움이 돼.

나만 이런 일을 겪는다고 생각하지 않았으면 좋겠어. 네 몸으로 할 수 없는 일이 아니라 네 몸으로 할 수 있는 일을 생각해. 네 몸은 눈부시도록 멋져.

신체 이미지와 시각 장애

자신에 대한 마음속 이미지가 어떻게 만들어지는지 곰곰이 생각하다가, 궁금증이 생겼어. 내 모습을 못 본다면 내가 어떤 모습인지 어떻게 알까? 앞이 안 보인다면 내 모습에 대한 마음속 이미지, 즉 나의 신체 이미지는 어떨까? 시각 장애인은 자기 외모에 더 신경 쓸까, 덜 신경 쓸까, 비장애인과 비슷하게 신경 쓸까. 나는 이 주제에 관해 조사하면서 시각 장애가 있는 이들과 이야기를 나눴어.

물론 시각 장애인으로 등록된 사람들도 어느 정도 시력이 있는 경우가 많고, 과거에 시력이 있었던 사람들도 있어. 시력이 부분적으로 있는 사람들은 조명이나 확대경 같은 장치의 도움을 받아서 자기 얼굴을 살피기도 하고, 스마트폰 카메라를 사용하기도 해.

> 22살 때 친구가 제 클로즈업 사진을 찍어서 전자 확대기로 보여 줬어요. 그전까지는 제가 어떤 모습인지 본 적이 없어요. 저는 일반 화장보다 독특한 화장이 훨씬 쉽겠다는 생각에 아이섀도와 아이라이너를 사용해서 얼굴에 구름을 그렸어요. 손톱에는 각각 다른 색의 매니큐어를 발랐어요. 유별난 화장법으로 기상천외하게 꾸미면 문제점을 감출 수 있겠더라고요. 테스, 27세

시각은 자신에 대한 마음속 이미지를 만드는 유일한 방법이 아니야. 몸을 만지고 느껴 보면 체형과 특징을 짐작할 수 있어. 자기 수용 감각이라는 것도 있어. 몸을 감각하고 몸이 차지한 공간을 받아들이는 능력이야. 다른 사람의 말을 듣고 정보를 얻기도 하지. 부분 시각이 있거나 보이지 않는 사람들은 이런 정보를 얻기 위해 다른 사람들에게 많이 의존해야 해. 그 정보가 정확하지 않다는 점도 염두에 둬야 하지. 신체 이미지는 우리가 사는 동안 얻은 복잡하고 방대한 정보로 이루어져. 시각 정보는 아주 일부일 뿐이야. 시력이 있는 사람들에게는 가장 확실한 정보겠지만, 완벽하진 않지.

시각 장애인이 비시각 장애인보다 부정확한 신체 이미지를 가졌는지는 연구에서 드러나지 않지만, 시각은 외모에 대한 정보를 (완벽하지는 않더라도) 가장 정확하게 제공하는 감각이라는 점만 놓고 따지자면 그렇다고 보는 편이 타당해. 시각 장애가 있는 청소년이 자기 몸을 부정적으로 느낄 가능성이 다소 높다는 연구도 있어. 또 다른 연구에서는 시각 장애를 갖고 태어난 사람들은 후천적 시각 장애인이나 비장애 여성보다 더 긍정적인 신체 이미지를 가질 수 있다는 점을 보여 줘.

다른 사람의 시선을 의식하는 느낌

인터뷰와 여러 연구를 통해 알게 된 한 가지는 시각 장애가 있는 사람들도 비장애인들만큼 외모에 신경을 쓴다는 점이야. 비장애인

중에도 유독 타인의 시선에 신경 쓰는 사람이 있는 것처럼 시각 장애인 중에도 그런 사람이 있어. 시각 장애인도 다른 사람의 시선을 의식한다는 사실은 일리가 있어. 자신이 어떻게 생겼는지 정확히 모른다면 생김새에 대해 걱정하기 쉽겠지. 타인의 시선을 의식한다는 말은 내가 인터뷰와 연구를 진행하면서 계속 떠올렸던 말이기도 해. 자기 모습을 자세히 볼 수 없는 시각 장애인은 다른 사람이 자신을 보고 있다고 느낄 때가 많아.

> 저는 시각 장애인을 위한 특수학교에 다녔어요. 유행에 민감할 일도 없고 다른 사람들을 볼 일도 없었기 때문에, 보호 시스템 안에서의 경험은 제 자아상을 지켜 줬지요. 하지만 누가 브래지어를 처음으로 했는지, 어떤 사이즈인지 모두가 굉장히 궁금해했어요! 너무 뚱뚱하다거나 말랐다는 개념을 생각해 본 적은 없어요. 저는 먹고 싶은 것을 먹었고 친구들도 마찬가지였지요. 굽이 높은 구두를 신고 또각또각 소리를 내면서 복도를 걸어 보고 싶어 안달 냈던 기억이 나요. 하지만 실제로 구두를 신었을 때는 아무도 제 발소리를 듣지 않았으면 했어요.
>
> 테스, 21세

시각 장애인들에게는 화장을 하거나 옷을 입을 때 색이 '잘 어울리는지' 알 수 없는 현실적인 문제가 발생하기도 해. 어떤 시각 장애인들은 의도적으로 달라 보이게 자신을 꾸며. 아주 강렬한 색의 옷을 입거나 독특한 화장이나 헤어스타일로 자신을 표현하는 식으로 말이야.

운동

시각 장애인도 다른 사람들과 마찬가지로 체중과 몸매에 만족하거나 만족하지 않을 수 있기 때문에 체중 문제는 중요해. 하지만 비장애인이나 시력이 조금이라도 있는 사람과는 달리 운동이 쉽지 않은 경우가 많아. 예를 들면 빠르게 걷기도 힘들어. 대체로 모든 운동이 시도하기조차 힘들지.

여느 어려움과 마찬가지로, 각 상황을 지원하는 다양한 단체나 기관에서 도움을 받을 수 있어. 필요하다면 전문 의료 기관의 도움을 받아 비슷한 상황을 겪는 사람들을 만날 수도 있지. 서로 조언과 경험을 나누면 몸을 존중하고 건강하게 살아갈 정보를 얻을 수 있어.

더 알고 싶다면 어떻게 해야 할까?

눈에 보이는 차이를 갖고 있거나 그런 사람을 더 잘 이해하고 싶다면 전문가의 조언을 듣거나 경험해 본 사람의 도움을 받는 게 좋아. 온라인에서 찾아보거나, 의사 선생님과 도서관에서 도움을 얻을 수도 있어.

> 2년 전에 가장 친한 친구가 뇌출혈을 일으켰어요. 친구는 걷고 말하고 먹는 법부터 모든 것을 다시 배워 나가는 놀라운 일들을 겪었어요. 친구의 모습에 저는 매일 감동했어요. 하지만 친구는 자신을 못마땅하게 생각하기 시작하더니 외모와 행동을 바꾸고 싶어 했어요. 안타깝게도 친구는 우울증과 거식증 진단을 받았어요. 친구는 자신이 어떤 감정인지 저에게 털어놨고 저는 친구에게 도움이 필요하다고 이야기했죠. 이제 친구는 세심한 치료를 받는 중이에요. 제스, 16세

누구나 이 주제에 관해 알아야 한다고 생각해. 다른 사람의 이야기를 읽고 그 사람의 관점에서 보는 일은 공감 능력을 키우는 데에도 중요하고, 셀 수 없는 차이를 가진 인간들이 모여 생동감 있고 품위 있는 공동체를 만드는 데 꼭 필요해.

상당수의 사람들이 눈에 보이거나 보이지 않는 차이를 안고 살아가고 있어. 이는 자신의 자아상은 물론 다른 사람들이 자신을 대하는 방식에도 영향을 미칠 수 있어. 이러한 차이와 사람들이 영향을 받는 방식은 매우 다양해.

기억해 둬! 많은 사람들은 자신의 모습을 바꾸고 싶어 하지 않고, 긍정적인 신체 이미지를 가지고 있어. 그리고 사실 대부분의 사람들은 잔인하지 않아. 그들은 그냥 모르거나 경험이 부족해서 어떻게 말하고, 말하지 말아야 할지 모를 수도 있어. 하지만 네가 더 많이 감정을 털어놓으면, 사람들은 더 빨리 서로를 공정하고 예의 바르게 대할 수 있는 법을 배우게 될 거야. 그러니까 함께 얘기하고 감정을 나누자!

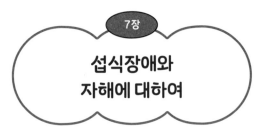

7장

섭식장애와
자해에 대하여

부정적인 신체 이미지와 관련된 고통스러운 문제는 섭식장애와 자해야. 만약 네가 이 문제를 겪고 있고 이번 장을 읽기가 힘들다면 네 상황을 잘 이해할 수 있는 어른과 꼭 상담하도록 해.

> 섭식장애가 있는 사람들은 고립된 기분을 느끼고, 극도로 민감한데다 자책도 심해요. 그 사람들이 고통받고 있다는 사실을 인지하고, 이해하고, 연민의 마음을 가져야 해요.
>
> 로즈, 18세

섭식장애란 무엇일까?

섭식장애는 심각한 정신과 육체의 질병으로 일반적인 식사와 운동이 거의 불가능해. 고통의 수준이 상당히 높고 자살 위험도 높은 데다 신체에 심각한 악영향을 끼쳐. 사람들은 섭식장애를 겪는 사람이 음식을 통제한다고 생각하지만, 실제로 당사자들은 먹는 것을 통제하지 못해. 이런 상태를 그저 어떤 '시기'이겠거니 여겨서는 안 돼. 섭식장애를 겪는 사람의 마음과 행동이 일상으로 돌아가려면 전문가의 도움이 필요해.

 나다운 몸을 위하여

'신체 긍정 운동'에 참여하는 사람들이 온라인에 게시한 사진들을 찾아보면서 자신감 넘치는 모습을 확인해 봐. 살집 있고 매력적인 사람들의 사진을 보면 몸에 대한 인식이 바뀌기 시작할 거야.

섭식장애는 살이 찌는 것에 대한 두려움과 왜곡된 신체 이미지를 동반하는 경우가 많아. 섭식장애가 있으면 잘 먹지 않거나 불규칙하게 식사를 하는데, 이런 행동은 식욕, 기분, 사고, 강박 행동과 관련한 뇌의 기능에 영향을 미쳐. 섭식장애는 유전, 성격, 심리, 환경 요인이 복합적으로 작용해 발생한다고 해. 성별, 나이, 민족에 상관없이 일어날 수 있다는 말이야.

섭식장애의 형태

가장 잘 알려진 섭식장애로 신경성 식욕 부진증(거식증), 신경성 폭식증, 폭식 장애가 있어. 폭식 장애 환자는 자제력을 상실한 채 많은 양의 음식을 먹는 일을 반복해. 폭식하지 않을 때는 통제력을 다시 얻기 위해서 식사를 제한하지. 폭식은 신경성 폭식증의 전형적 증상이기도 한데, 이 경우에는 (토하거나 설사약을 복용하는 식으로) 위와 장을 강제로 비우려는 강박 행동에 시달려. 신경성 식욕 부진증은 말 그대로 '식욕이 없다'라는 뜻인데, 사실 이렇게 단순한 증상이 아니야. 신경성 식욕 부진증을 겪는 사람은 건강하지 않거나 위험한 수준까지 음식을 제한하는 것 외엔 달리 방법이 없기 때문에 보통 운동을 지나치게 많이 해야 한다는 강박이 뒤따라. 음식을 아주 조금만 먹는 사람도 있고, 중간중간 잘 먹는 시기가 찾아오는 사람도 있는데, 이 경우에는 토하거나 설사하는 행동으로 이어져. 섭식장애는 생명을 위협하기도 해. 오래 겪을수록 치료 기간도 길어지는데, 치료는 반드시 전문가에게 받아야 해.

다른 형태의 섭식장애도 있는데, 예를 들어 건강식품 강박증 Orthorexia은 건강에 좋다고 믿는 음식에 집착하는 질환이야. 이런 증상은 심각한 영양실조를 일으킬 수 있어.

특정 음식에만 집착하는 것은 건강에 좋지 않아. 진짜 건강은 다

양한 음식을 즐겁게 먹고 충분한 칼로리와 영양소를 섭취해 신체에
골고루 영양을 공급할 때 얻을 수 있는 거거든.

섭식장애와 신체 이미지는 어떤 관계가 있을까?

섭식장애와 부정적 신체 이미지는 아주 밀접한 관련이 있어. 섭식
장애를 가진 사람의 발병 원인이 전부 부정적인 신체 이미지에만 있
지는 않지만 부정적인 신체 이미지는 섭식장애를 겪는 이들의 문제
에 중요한 부분을 차지해. 신체 이미지가 심각하게 부정적인 사람들
은 지나치게 조금 먹거나 운동을 과하게 많이 해서 몸매를 바꾸려고
노력하거든. 그러다 이런 음식 섭취와 운동 방식에 자기 몸이 지배
당한다는 생각이 들어. 그때는 이미 섭식장애의 통제를 받는 상태인
거지. 질병이나 장애라는 이름이 붙는 이유는 그 때문이야.

18살인 제 딸은 매일 '풀 메이크업'을 하던 시기가 있었어
요. 머리 염색을 하고 자신이 어떤 모습으로 보이는지에 굉
장히 신경 썼어요. 딸은 거식증을 심하게 겪어서 몇 년간 병
원에 입원해야 했어요. 회복한 뒤 딸의 인생은 달라졌지요.
지금은 좋아하는 것을 적당히 먹고 운동도 해요. 화장도 하

는데, 매일 하지는 않아요. 이제는 다른 사람들의 시선에 신경 쓰지 않더라고요. 얼마 전에는 킥복싱을 시작했어요. 정말 대단한 아이예요!　　　　　　　　　　　　　　　　랄라, 43세

스포츠 중에는 외모와 체중에 신경을 많이 쏟아야 해서 섭식장애로 이어질 위험이 높은 종목들이 있어. 레슬링·경마·조정같이 체중에 따라 체급을 나누고 경기 결과에도 영향을 미치는 경우, 달리기·역도·사이클·수영처럼 특정 체중이나 체형이 유리한 종목, 댄스·체조·보디빌딩·다이빙같이 외모가 경기의 일부인 스포츠가 그렇지.

음식과 운동 조절은 성형 수술 없이 몸매를 바꾸는 확실한 방법이기 때문에 수많은 사람이 음식과 운동에 집착하고 섭식장애로도 이어지는 것 같아.

살찔까 봐 걱정하는 사람이 많지만 그렇다고 모두 장애를 겪지는 않아. 십 대들은 식사를 거르거나 칼로리를 계산하거나 단순히 칼로리를 소모하기 위해 달리는 등 체중을 조절하기 위해 건강하지 않은 방법을 사용해. 가끔 그런다고 해서 섭식장애가 있다는 뜻은 아니야. 섭식장애는 강박 행동을 수반해. 즉, 의지로 멈출 수 없고 점점 심해질 수 있다는 뜻이야. 대다수의 청소년은 간혹 식사를 거르지만 그렇다고 섭식장애가 생기지는 않아.

8살인 제 딸은 유치원에서 괴롭힘을 당하고 건강 식단 수업에 과하게 반응하면서 신체 문제를 겪기 시작했어요. 아이는 놀이터에서 남자아이들이 뚱뚱하다고 놀리는 말을 예민하게 받아들이더라고요. 안타깝게도 제 딸은 모욕감을 떨쳐내지 못했어요. 아이는 실제로 날씬했지만 자신을 뚱뚱하다고 생각했어요. 결국 학교도 가지 않으려고 하고 간식도 거부하더라고요. 우리는 대도시의 스트레스에서 벗어나 좀 느리게 살면서 야외 활동을 즐길 수 있는 곳으로 이사를 갔어요. 주변 환경이 완전히 바뀌고 과도한 유행과 기술에 대한 압박이 사라지자 딸은 훨씬 만족했고 건강한 모습을 되찾았지요. 물론 이곳에도 비교와 경쟁은 여전히 존재하지만요. 클레어, 35세

규칙적인 식사를 하는 데 어려움이 있고 음식과 몸무게를 생각할 때 늘 불안하다면 도움을 받아야 해. 거식증, 폭식증 또는 폭식 장애를 진단하기 위한 항목에 모두 체크 표시를 하지 않더라도 섭식장애로 진단받을 가능성이 있어. 예를 들면 겉보기에 마르지 않았지만 거식증과 유사한 행동을 하는 경우도 있어. 섭식장애의 초기 단계라면 그냥 두었다가는 심각해질 가능성이 있다는 뜻이지. 전문가들은 조기 발견의 중요성을 강조하기 때문에 조금이라도 의심된다면 정

신건강의학과 의사에게 도움을 청해야 해.

오늘날의 미디어, 특히 온라인의 문제

미디어에서 마른 사람의 이미지를 보는 것, 마르고 싶다는 욕망, 비정상적 섭식 행동을 하기 시작하는 것 사이에 관계가 있다는 사실이 여러 연구 결과에서 드러났어. '마른 몸을 이상적이라고 내세운' 이미지가 여성을 대상으로 한 미디어를 어떻게 장악하는지, 조각한 듯한 근육질의 몸을 이상화한 이미지가 남성을 어떻게 지배하는지 우리는 이미 알고 있어. 앞에서 말했다시피 섭식장애는 여러 요인이 복합적으로 작용하면서 발생하는데, 인터넷과 소셜 미디어도 문제를 부채질하는 데 한몫한다고 볼 수 있지.

예술학교 1학년 말에 거식증이 시작되었어요. 병원에 가지 않으면서 간신히 버텼고 어떤 도움도 받은 적이 없어요. 제 몸을 받아들이기가 무척 힘들었지요. 저는 키가 아주 컸는데 언니들과 친구들과 엄마 키를 훌쩍 넘어서니까 겁이 나더라고요. 그렇게 키가 크면 여성스러워 보이지 않잖아요. 저는 큰 키가 바람직하지 않다고 생각했어요. 키가 크면 아주 말라야 한다고 생각했지요. 제 외모와 성격도 어울리지 않는 것 같았어요. 저는 스스로 작고 연약하고 어리고 부족하다고 느꼈거든요. 하지만 겉모습은 건장하고 강해 보였지요. 이걸 받아들이기가 힘들어서 꽤 오랫동안 불편한 마음으로 살아야 했어요.

프랜시스, 17세

온라인 활동은 어떤 식으로
비정상적 섭식 행동을 부추길까?

다이어트 관련 광고의 대다수는 과학적으로 보이는 내용으로 포장하고 있어. 날씬해지게 해 준다는 광고와 식이 요법이나 근육을 키워 주는 제품과 광고를 많이 봤을 거야. 이런 광고를 피하기는 힘들지. 기술의 발전으로 모델들을 실제 모습보다 날씬하거나 근육질의 모습으로 보이도록 쉽게 보정할 수 있어.

소셜 미디어는 어떤 다이어트가 유행하는지 소문내기 쉽고, 청소년들을 겨냥한 제품도 많아. 친구가 하고 있다는데 그런 유행을 모른 척 지나치기란 어려울 거야.

외모 평가나 몸무게에 대한 조롱은 소셜 미디어에서 매우 쉽게 일어나. 악의적이고 괴롭힘을 주도하는 사람들은 상대의 반응이 보이지 않기 때문에 더 쉽게 그런 댓글을 달아. 이 말은 일상에서는 괴롭힘을 주도하지 않는 사람들이 소셜 미디어에서는 욕을 퍼붓는 오류를 범할 수 있다는 뜻이야. 이런 현상을 가리키는 '온라인 탈억제 효과'라는 말도 있어. 온라인에서는 성별, 지위, 나이가 제각각인 사람들이 서로 배려하지 않고 조심성 없이 말하는 경향이 있다는 점을 가리키는 말이지. 몸짓과 표정, 즉각적인 반응이 없으면 실수로든 고의로든 잔인해지기 쉬워.

인터넷에는 거식증이나 폭식증이 있는 사람들을 돕는 것처럼 보이지만 실제로는 병을 악화시키는 위험한 사이트들이 있어. 그곳에서는 이런 질환을 건강한 생활 방식을 위한 선택이라고 주장하지만, 절대 그렇지 않아. 그건 위험한 질환이야! 음식을 통제하려 하거나 마르고 싶은 열망이 있다면 이런 사이트는 굉장한 자극이 될 거야. 그러니 정확한 사실을 알고 적절한 조언을 얻고 싶다면 섭식장애를 일종의 생활 방식이라고 말하지 않는 웹사이트에만 가도록 해. 섭식장애는 치료가 필요한 질환이야.

> 제 몸을 사랑하는 방식을 일종의 루틴으로 만들어서 순서대로 따르면서 큰 도움을 받았어요. 보습 크림을 바른 다음 손을 배에 올려 두고 호흡을 하는 식으로요. 발을 보면서 발에게 고마워하기도 하고요. 프레야, 16세

인터넷은 도움이 될 수 있어. 올바른 도움을 찾느냐가 문제지. 적절한 정보는 마음의 통제력을 다시 찾을 방법을 알려 줄 거야. 몸을 바꾸려 하기보다 몸으로 할 수 있는 일을 생각하며 몸을 존중해야 해.

자해는 어떨까?

자해와 섭식장애는 각각 다르지만 이 두 가지를 같은 장에서 다루는 까닭은 서로 관련성이 있기 때문이야.

✦ 섭식장애를 겪는 사람 중에 자해하는 사람들이 있는데, 그런 경우 근본 원인이 같을 가능성이 커.

✦ 두 가지 모두 복잡한 원인이 있고 다양한 형태로 나타나지만, 두 질환 모두 매우 부정적인 신체 이미지를 갖게 할 수 있어.

✦ 두 가지 모두 '부정적인 대처 행동'을 나타내는데, 그 행동은 습관처럼 반복돼. 모든 습관이 그렇듯 멈추기 힘들지. 습관을 없애려면 전문가의 도움이 필요해.

✦ 자해의 원인과 계기는 섭식장애의 원인과 계기와 유사해.

✦ 자해를 하거나 섭식장애가 있는 이들은 자신의 행동에서 만족감을 느끼는데, 이 때문에 그런 행동을 계속해.

✦ 자해를 하거나 섭식장애가 있는 이들은 자신에게 해를 끼치는

행동을 계속해. 어떤 면에서는 둘 다 자해인 셈이야.

자해는 살을 베고, 태우고, 머리카락을 뽑고, 스스로를 구타하는 등 다양한 형태로 나타나. 이런 행동을 멈추지 못하는 데는 다양한 이유가 있다고 해. 대부분 깊이 감추어진 정신적 고통이 있어. 육체적인 고통이 정신적인 고통보다 견딜 만하기 때문에 자해를 한다는 사람들도 있어. 자기 몸이 싫어서 벌 주고 싶다는 사람들도 있지. 자신이 부끄럽고 가치 없고 사랑과 존중받을 자격이 없다고 느껴서 그렇게 한다고도 해. 병증이 언제, 어떻게 시작되었는지 아는 사람도 있지만 모르는 사람들도 있어.

> 안전하다는 느낌이 드는 사람에게 마음을 열고 자신의 경험과 약한 부분을 나누는 일은 굉장한 치유를 경험하게 해 줘요. 당시에는 겁이 나는데 그 뒤에는 항상 기분이 나아져요.
>
> 브루노, 16세

자해하는 사람들은 부정적인 신체 이미지를 가진 경우가 많아. 자해할 때, 그 행동은 혐오하는 신체 부위에만 국한되지 않아. 일반적인 자기혐오로 나타나거나 고통에서 벗어나려는 형태로 나타나기도 해.

> 머릿속에서 들려오는 부정적인 목소리를 자신의 진짜 목소리와 분리해야 해요. 저는 부정적인 목소리에 이름을 붙이고 그림으로 그렸어요. 부정적인 목소리가 불쑥 제 생각에 끼어들면 나를 그냥 내버려 두라고 말할 수 있었어요.
>
> 루나, 15세

자해는 흉터를 남기는 등 평생에 걸쳐 신체에 영향을 끼치고 굉장히 위험할 수 있어. 그래서 전문가의 도움이 필요해. 빠르면 빠를수록 좋아.

자해와 섭식장애의 공통점을 하나 더 들자면, 누군가 네 몸이 아름답다고 말해도 스스로 해치는 습관을 멈추지 못한다는 거야. 뿌리 깊은 원인이 있기 때문이지. 신체에 직접적으로 상처를 내는 방식이든 굶는 방식이든 스스로 몸을 해치고 있다는 것은 뇌 속에 강력한 '습관의 고리'가 형성되었다는 뜻이야. 그 습관을 바꾸기 위해서는 사랑하는 사람이 해 주는 좋은 말 이상의 해결책이 필요해. 네 몸은 멋져. 하지만 자해나 섭식장애를 겪고 있다면 그렇게 말해 주는 사람이나 이 책으로는 충분하지 않아. 그런 칭찬을 제대로 받아들이는 날이 꼭 왔으면 좋겠어. 그게 사실이니까. 그러니 적극적으로 자신을 보호하고 지킬 수 있는 방법을 찾아야 해.

몸이 저를 싫어한다고 생각했어요. 제가 뚱뚱해지고 털이 많고 여드름이 나기를 바란다고 생각했죠. 그런데 몸은 다른 사람들과 마찬가지로 제가 행복하고 건강하길 바랐어요. 저는 몸에 귀 기울이는 법을 배웠고 몸이 영양소를 필요로 한다는 사실을 알았어요. 몸은 우리에게 조건 없는 사랑을 베풀어요. 상처를 덮은 딱지를 계속 떼어 내더라도 몸은 항상 상처를 덮어 치료해 줄 거예요. 로즈, 17세

💛 나다운 몸을 위하여

창의적인 부분에 열정을 발휘해 봐. 공예, 목공, 뜨개질, 요리에 도전해 보는 거야. 최근 큰 상점의 공예 코너에 들른 적이 있는데 믿을 수 없을 만큼 무궁무진한 기회가 펼쳐져 있더라! 마음을 사로잡아 몸에 관심을 기울일 틈이 없게 하는 일이야말로 진정으로 효과 만점인 치료법이야.

섭식장애와 자해는 증상이 사람마다 다르게 나타나는 복잡한 질환이야. 부정적인 신체 이미지에 영향을 많이 받지만 그것이 핵심 원인은 아니야.

자기 몸을 싫어하거나 다른 사람의 모습과 부정적으로 비교할 때 외모를 바꾸기 위해 음식과 운동을 이용하기도 해. 자칫 비정상적 섭식 행동으로 이어져서 건강하지 않은 방식으로 음식을 대하는데, 주로 음식을 제한하거나 운동을 과도하게 해.

자해는 자기 몸이나 삶을 혐오하는 감정에 반응하는 또 다른 방식이야. 몸을 해치고 괴롭히는 행동이 습관적으로 나타나지.

섭식장애는 심각하고 위험한 질병으로 적절한 치료와 도움이 필요해. 비정상적 섭식 행동을 하는 사람들 역시 적절한 조

언과 지원을 통해 건강한 삶을 살도록 사고방식을 바꿀 필

요가 있어. 우리 몸에는 음식과 존중과 긍정적인 생활방식이

필요해.

8장

몸에 좋은 생각들

지금까지 사람들이 부정적인 신체 이미지를 갖는 이유와 불행과의 연결 고리에 관해 다뤘어. 읽는 동안 자신의 몸을 좀 더 긍정적으로 생각하는 방법을 익혔기를 바라. 실제적이고 건강하게 몸을 돌볼 다양한 방법을 이야기하기 전에, 우리 마음과 생각을 한 번 더 살펴보고 몸을 더욱 긍정적으로 여기고 존중할 방법을 알아보려고 해.

신체 이미지를 개선하고 싶다면 직접 도전해 볼 만한 유용한 기법들이 아주 많아. 사실 내가 제시하는 것들은 인생에서 맞닥뜨릴지도 모를 여러 상황에서 적용할 수 있는 기술이야. 인지행동치료에 기반을 둔 것들로 생각이 부정적으로 흘러가는 상황에 일반적으로 사용되는 치료법이지.

인지행동치료법

인지행동치료법에서는 문제를 다섯 가지로 분류해.

1. **상황**: 문제 상황은 무엇인가? 그 일은 언제 일어나는가? 예를 들면, 체육 시간에 옷을 갈아입기 두려운 것이 문제일 수 있어.

2. **생각**: 그 일이 일어날 때 어떤 생각을 하나? 예를 들면, '다들 내가 과체중이라거나 못생겼다고 여길 거야'라고 생각하는 거야.

3. **감정**: 그 일을 겪는 동안 어떤 감정을 느끼나? 예를 들면 창피하거나 보잘것없는 기분이 드는 거야.

4. **신체**: 몸에는 어떤 반응이 일어나는가? 땀이 나거나 얼굴이 달아오르거나 현기증이 날 수 있어.

5. **행동**: 어떤 행동을 하는가? 예를 들어 체육 시간에 늦더라도 그 상황을 피하려 하겠지.

네 감정과 머릿속과 몸에서 일어나는 일을 이해하는 건 치료에 아주 중요해.

> 저는 어릴 때 눈이 매우 예쁜 언니의 그늘에 가려서 눈에 띄지 않았어요. 사람들은 항상 언니 눈만 칭찬했지요. 13살

때는 친구가 저에게 웃으면 코가 너무 커 보인다고 했어요. 그 뒤로 저는 수십 년 동안 웃지 않았어요. 과장이 아니에요. 코가 두드러져 보이는 것 같아서 뒤로 머리칼을 묶지 않았어요. 인지행동치료는 이런 문제를 해결하는 데 도움이 되었어요. (임상 치료사 선생님이 제 모습을 비디오로 찍어서 보여 주셨지요, 윽!) 이제 저는 자주 웃고요. 머리를 묶고서도요! 진작 치료받았으면 좋았겠다 싶어요. 학교 다닐 때는 도움을 받을 만한 곳이 없었어요. 청소년들에게 감정에 대해 털어놓고 도움을 받으라고 말해 주고 싶어요. 샤힌, 45세

예를 든 것처럼, 체육복으로 갈아입는 동안 다들 너를 보면서 뚱뚱하고 못생겼다고 생각할 거라고 믿는다면 여러 가지로 힘들 거야. 그런데 정말 너를 보고 있다면 그 애들은 어떻게 옷을 갈아입지? 그 애들이 너를 가장 중요한 사람으로 여겨서 너만 본다고 생각하는 거야? 눈이 있으니 모두가 무언가를 바라봐야 하는데, 그 애들은 너를 쳐다보지도 않고 어떻게 너랑 말할 수 있지? 그 애들도 남의 시선을 의식하는 걸까? 그 애들이 너를 뚱뚱하고 못생겼다고 생각한다는 증거는 뭐야? 그 애들이 그렇게 말했어? 그게 사실이라면, 그냥 무식하고 모욕적인 행동이 아닐까? 네 몸무게는 그 애들이 상관할 바 아니잖아? 그 애들이 정말 너를 보고 있다면 무례하고 유치하기 짝

이 없는 일인 거야!

이렇게 질문을 던지고 답을 하는 과정은 수치심과 남을 의식하는 마음과 자신이 보잘것없다는 생각에 제동을 걸어.

 나다운 몸을 위하여

기억하자. 부정적인 생각은 뇌 속의 경로일 뿐이야. 다른 긍정적인 생각으로 바꿔 보자.

인지행동치료는 과거에서 원인을 찾으려고 하기보다 지금 겪는 문제에 초점을 맞춰. 해결책을 찾는 방법은 실용적이야. 인지행동치료에서는 실행에 옮길 '숙제'를 내 줘. 일기를 써야 할 수도 있어. 이 모든 것은 생각이 도움이 되지 않는 방향으로 흐를 때 바로 알아차리고 새로운 생각을 떠올리도록 도와줘.

 나다운 몸을 위하여

매일 저녁, 그날 좋았던 점 세 가지를 적어 봐. 잠자리에 들 준비를 하면서 그 세 가지를 생각해 보는 거야. 핸드폰 앱스토어에서 감사일기를 검색해 봐. 그중에서 골라서 매일 감사일기를 써 봐.

혼자서 해 볼 만한 일에는 무엇이 있을까?

부정적인 생각을 조절하는 두 가지 방법을 알려 줄게.

1. 부정적이거나 괴로운 생각을 알아차리고 맞서자. 머릿속으로 그런 생각에 의문을 던지면서 대화해 봐. 왜 그렇게 생각했어? 어떤 근거가 있지? 왜 자신을 괴롭히지? 어떤 생각이 더 유익할까?

2. 기분이 나빠질 일을 하려고 할 때 그걸 알아차리고 대신 다른 일을 하자. 온라인에 접속해서 아이돌 이미지를 검색하려던 중이라면, 잠깐 밖으로 나가서 저녁노을을 바라봐. 아이들이랑 같이 옷을 갈아입기 싫어서 체육 시간에 늦을 작정이었다면, 심호흡하고 미소 띤 얼굴로 이렇게 생각해 봐. '아무도 나를 쳐다보지 않아. 그리고 쳐다봐도 상관없어.'

> 저는 우리가 자존감을 조절할 수 있다고 생각해요. 자신의 매력을 얼마나 중요하게 여길지 결정할 수 있고요. 이 깨달음은 자존감이 낮은 사람들에게 도움이 될 수 있을 거예요.
>
> 루크, 16세

경로 찾기 연습

나만의 인지행동치료법을 공유해 볼게. 나는 '경로 찾기 연습'이라고 부르는데, 우리 뇌가 생각하고 믿는 방식을 기초로 해.

네가 믿거나, 알거나, 생각하는 모든 것은 뇌 속에 뉴런으로 이루어진 경로가 생겨났기 때문에 실재하는 것이 돼. 이것은 (스페인의 수도는 마드리드라거나 10×10=100처럼) 실제 사실이거나 ('나는 인기가 없어'라거나 '나는 못생겼어'처럼) 의견 혹은 신념인지에 관계 없이 적용돼. 만약 그 생각이 새롭거나 허술하다면, 즉 막 알게 되었거나 확신하지 못한다면 신경망이 거의 없거나 약해서 쉽게 놓치거나 잊거나 바뀔 거야. 가령 몽골의 수도가 울란바토르라는 사실을 막 알았다면 금세 잊어버리기 쉬워. 그런데 소리 내 계속 말하면 뇌 속에 더 강하고 많은 경로를 만들어서 쉽사리 잊어버릴 가능성이 낮아져. 그리고 적기까지 한다면 더 확실한 경로를 만들 테고 잊어버릴 가능성이 훨씬 적어지겠지.

생각하는 횟수가 많을수록, 이미 알고 있는 것과 일치할수록 경로는 더 탄탄해져서 다른 생각으로 대체되기 어려워져. 그 생각이 긍정적이고 유용한 사실이라면 매우 좋겠지만, 거짓이거나 부정적일 때는 난감하지.

만약 몽골의 수도가 마드리드라고 생각했었고, 누군가가 그렇게 가르쳐 주고 믿었다면, 실제로는 울란바토르가 맞다는 것을 다시 배우고 기억하는 것이 더 어려울 거야. 그리고 자신이 인기 없거나 못생겼다고 생각한다면, 그건 정말 큰 문제야. 왜냐고? 그것이 다른 생각, 감정, 신체적 느낌, 행동에까지 영향을 미치기 때문이야.

해결책은 네 눈앞에 있어. 그 생각을 반복해서 강화한 사람은 너야. 그러니 그 자리에 다른 생각을 집어넣어 힘을 잃게 할 수 있는 사람도 너야. 부정적인 경로를 새롭고, 긍정적인 생각으로 대체하면 돼.

💙 나다운 몸을 위하여

생각해 보자. 내가 존경하는 사람은 누구일까? 내가 그 사람을 존경하는 이유는 외모에 있을까, 아니면 다른 것에 있을까? 내가 존중받고 칭찬받고 싶은 부분은 내가 성취한 것일까 아니면 외모일까? 이 생각에 계속 집중해. 무엇으로 인정받고 싶니? 그 꿈을 어떻게 실현할 거야?

이렇게 설명해 볼게. 풀이 무성한 언덕으로 산책을 간다고 상상해봐. 그러다 길이 사라진 지점에 다다랐어. 앞쪽으로 다시 길이 시작되는 곳이 보이는데 그곳까지 어떻게 갈지 선택해야 해. 너는 경로를 정하고 풀과 돌덩이가 흩어진 곳을 걸어서 길을 찾아가. 다음 날, 산책을 하기 위해 같은 장소로 갔어. 이번에도 경로를 선택해야겠지. 같은 경로를 선택할 가능성이 아주 클 거야. 어제 선택했던 이유들이 오늘도 적용될 확률이 높겠지. 조금 더 익숙할 테고 어제 별 탈 없이 산책을 잘 마쳤으니까. 다음 날도 마찬가지야. 그렇게 계속 되겠지. 그 경로를 선택할 때마다 다음에 또 그 경로를 택할 확률도 커져. 이제 진짜 그 경로에 익숙해졌을 거야. 아마 눈에 선하게 보일걸.

너는 경로를 만들어 냈어. 아마 계속 그 경로를 사용하겠지. 사용하지 않기로 하지 않는 한은 그럴 거야. 어느 날, 다른 경로를 선택할 수도 있어. 조금 어려울지 몰라도 할 수 있어. 한번 해 보고 나면 다시 할 수 있지. 또 할 수도 있고. 첫 번째 경로는 점차 흐릿해져. 마침내 기억하기 어려워질 거야. 완전히 잊지는 않겠지만, 더 이상 네가 경로를 선택하는 데에 영향을 끼치진 못할 거야.

부정적인 생각도 마찬가지야. 수백, 수천 번 그런 생각을 했다면 다른 생각을 하는 일이 쉽지 않아. 그렇다고 아예 불가능한 것은 아니야. 누군가 도와준다면 충분히 해낼 수 있어.

마음속의 부정적인 생각은 바꿀 수 있어. 그렇게 하면, 너만의 인지행동치료를 해낸 거야. 아주 잘했어!

인지행동치료에는 전문가의 도움이 필요하지만, 생각을 긍정적인 방향으로 이끄는 데 도움이 되는 몇 가지 방법을 스스로 써 볼 수 있어. 인지행동치료는 자존감과 긍정적인 신체 이미지를 방해하는 부정적인 사고 패턴을 인식하고 이해하는 간단하고 실용적인 치료법이야. 자존감이 낮고 신체 이미지가 부정적이면 행동도 부정적으로 변해. 그러면 자신과 자기 인생을 최대한 누리지 못하겠지. 인지행동치료는 우리 앞에 놓인 기회를 놓치지 않고 꽉 잡도록 마음을 훈련시켜 줘. 생각은 습관일 뿐이고 습관은 바꿀 수 있어.

2부

내 몸을 긍정하는 법

몸과 정신의 건강에 관해 이야기할 때 나는 다리가 넷 달린 탁자 이미지를 이야기해. '웰빙 탁자'를 구성하는 네 개의 다리는 바로 이거야.

1. 음식과 물   2. 운동   3. 수면   4. 휴식

우리가 이 네 가지를 잘 돌보면 그렇지 않을 때보다 몸과 정신이 더 건강해져. 너도 알 거야. 다리 하나가 부러지면 탁자는 쓰러지고 말아. 웰빙 탁자도 마찬가지야. 네 가지를 모두 잘 돌봐야 하지.

몸과 정신의 웰빙은 밀접하게 연결되어 있어. 몸이 아프거나 약해지면 마음의 상태에도 영향을 미치고, 마음을 돌보지 않으면 몸도 상하고 말지.

그렇다고 늘 건강할 수는 없어. 누구나 가끔은 병에 걸리기도 해. 몸을 잘 돌봐도 그럴 수 있어. 어떤 사람들은 신체에 문제가 있거나 장애가 있는 상태로 삶을 시작하기도 해. 혹은 인생을 살다가 큰 장애물을 만나는 경우도 있어.

하지만 그런 문제와 상관없이 누구나 노력을 통해 신체적, 정신적으로 건강한 상태에 이를 수 있어. 우리의 선택은 차이를 만들어. 노력할 가치가 있지.

때로는 굳이 노력할 필요도 없어. 2부에서 이야기할 것 중 상당수는 즐거움, 재미, 신남, 성취감, 만족감과 관련이 있거든. 건강한 삶은 지루하지 않아!

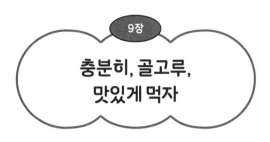

충분히, 골고루,
맛있게 먹자

음식은 연료야. 연료가 없으면 에너지도 없지. 몸이 제 할 일을 잘 하기 원한다면, 혹은 적어도 움직이게 하기 위해서는 에너지가 필요해. 몸의 에너지는 음식을 충분히 먹어야 생겨. 음식을 충분히 먹지 않으면, 혹은 영양소를 적절히 섭취하지 않으면 몸은 제대로 기능할 수 없어. 집중력이 떨어지고 근육도 약해질 거야. 또 면역력이 떨어지고 질병에 맞서기도 어려워.

몸에서 유독 많은 연료가 있어야 하는 기관이 하나 있어. 바로 뇌야. 뇌는 다른 어떤 기관보다 에너지에 굶주려 있어. 몸이 필요로 하는 총에너지의 20%를 사용하는데도 말이야. 포도당은 몸이 탄수화물을 함유한 음식을 분해할 때 만들어져. 탄수화물은 식단에서 빠져서는 안 될 중요한 영양소인데 쌀, 감자, 파스타, 시리얼, 빵 같은 녹

말 식품에 들어 있어.

우리가 먹는 음식에 들어 있는 에너지는 칼로리라는 단위로 측정해. 우리는 충분한 칼로리를 소비해야 해. 그러지 않으면 우리 몸과 뇌는 제대로 작동하지 않아. 세포 재생이나 면역 체계에도 문제가 생길 수 있지. 세포는 충분한 칼로리와 다양한 음식에 들어 있는 영양소를 필요로 해.

♥ **나다운 몸을 위하여**

마음에 드는 요리책, 웹사이트, 잡지를 골라 봐. 시간을 들여서 한 번 해 보고 싶은 요리의 레시피를 찾는 거야. 그런 다음 도전! 잘 안 될 때도 있을 거야. 그래도 괜찮아. 하다 보면 느는 게 요리거든.

청소년들은 특히 칼로리가 많이 필요해. 성장하고 변화하는 중이 잖아. 성장과 변화 자체가 에너지를 많이 소모하는 일이거든. 새롭게 생겨나고 자라고 회복하는 세포들에는 에너지와 단백질, 지방, 비타민, 미네랄 같은 영양소가 필요해.

그러니 음식을 무작정 제한하면 안 돼. 음식을 제한하면 식단에서 섭취하는 비타민과 미네랄이 줄어들고 머리카락, 피부, 기분, 수면, 운동 수행 능력, 면역 기능에도 안 좋은 영향을 미칠 거야.

몇 칼로리를 먹어야 할까?

칼로리를 계산하지 말자. 특히 청소년이라면 권하지 않아. 칼로리에 신경 써야 하는 사람들이 있기는 해. 먹는 양을 줄여야 하는 경우보다 더 많이 먹어야 하는 경우야. 혹은 의사나 영양사가 개인적으로 적당한 칼로리 수치를 분명하게 제시했을 때도 그래. 칼로리 계산을 하다 보면 누구나 건강하지 않은 생활 방식과 태도로 눈을 돌릴 위험이 있어. 다이어트의 문제점이기도 하지.

원하는 것을 할 에너지가 충분하다면 충분히 먹고 있다고 생각해도 좋아. 뇌와 몸이 제 역할을 잘하고 배가 고프지도 않을 거야. 식사 시간만 빼고. 그때는 배가 고픈 것이 당연해!

활동량이 많다면 건강을 유지하기 위해 더 많은 칼로리를 섭취해야 해. 평범한 여성들에게 필요한 칼로리는 평범한 남성들과 비교할 때 차이가 있어. 어린이, 청소년에게 필요한 칼로리는 성인과 차이가 있지. 사람에 따라 활동적인지, 근육이 많은지 적은지, 몸집이 큰지 작은지에 따라 필요한 칼로리가 달라.

다이어트라는 문제

다이어트는 어떤 방식으로든 음식 섭취를 제한한다는 뜻이야. 특정한 음식을 덜 먹거나, 아예 먹지 않거나, 전반적으로 섭취량을 줄인다는 의미지. 식사량을 제한하면 단기적으로 체중 감소의 효과를 볼 수 있지만, 줄어든 체중을 유지하는 일은 굉장히 힘들고 원래대로 돌아가는 경우가 많아. 다이어트 '실패'를 반복하면 몸에 대한 불만이 늘어나고 자신감이 낮아질 위험도 커. 몸에도 무리가 많이 가지.

> 날씬해지면 인생도 완벽해질 거라고 생각했어요. 그렇지 않더라고요. 몸이 가벼워지긴 했지만 인생에서 겪는 어려움의 무게는 그대로였어요.　　　　　　헤이즐, 23세

이런 식으로 사람들은 결국 '요요'를 겪어. 너도 잘 알겠지만, 다이어트 이후에 원래 체중으로 돌아가는 일은 아주 흔해. 다이어트가 쉽다면 다이어트 산업이 이토록 거대하게 몸집을 키우지 못했겠지. 사람들이 계속 다이어트에 실패하기 때문에 다이어트 산업이 크게 성공한 거야.

다이어트에 대해 다시 생각해 볼 만한 통계를 보여 줄게. 캐나다 국립 섭식장애 정보 센터에 따르면 '다이어트를 하는 여성 청소년은 그렇지 않은 아이들보다 비만이 될 위험이 324% 더 높다'고 해. 참 아이러니한 일이지. 다이어트는 섭식장애를 예측할 수 있는 요인이고 비정상적 섭식 행동과도 관련이 있어.

안타깝게도 다이어트를 해야 한다는 압박은 우리 주변에 팽배해. 건강과 관련된 이야기에서는 특정 제품의 칼로리가 자주 언급돼. 초콜릿이나 케이크나 디저트류를 먹을 때면 으레 죄책감을 느껴. 부모님은 너무나 자주 자기 몸무게 이야기를 하지. "맙소사, 여름휴가 전에 살을 빼야겠네." "안 돼! 이번 주에 1kg이나 늘었어! 일주일 동안 빵은 입에도 대지 말아야지." 이런 상황이 반복되면 너는 음식과 체중에 대한 부정적인 메시지를 계속 받겠지. 너는 성장 중이라는 점을 반드시 기억해야 돼! 다양하고 충분한 양의 음식이 필요해. 그렇지 않으면 몸과 뇌가 제대로 작동하지 않을 거야.

> 저는 살을 빼려고 주말마다 엄청난 강도로 운동을 했어요.
> 지치고 시간도 많이 드는 일이에요.   벨라, 15세

대부분의 청소년들은 다이어트를 하면서 몸이 상해. 무분별한 다이어트는 꼭 필요한 배고픔이나 포만감을 신호로 받아들이지 못하도록 방해하고, 몸의 신진대사에 영향을 미치고, 비정상적 섭식 행동으로 이어져. 강도 높은 다이어트 이후, 대부분의 사람들은 줄어든 체중을 회복하거나 체중이 더 느는 경우가 많아. 건강하게 살을 빼고 싶다면 의사랑 상의하는 것이 좋아.

온라인상에서 다이어트 관련 광고를 봐도 클릭하지 마. 무언가를

팔려는 속셈일 뿐 네 건강은 조금도 신경 쓰지 않으니까. 광고주는 너나 너의 체중이나 건강 문제에 관해서는 하나도 몰라. 살을 빼 준다는 약도 절대 먹지 마. 장기적으로 볼 때 체중 감량 효과도 별로 없고 위험할 수 있어. 네 식욕을 믿어. 음식을 제한하지도 마. 배고프거나, 어지럽거나, 신경이 예민해지거나, 집중하기 어려운 수준까지 가서는 안 돼.

너는 마르고 허약한 몸이 아니라, 편안하게 음식과 운동이 주는 기쁨을 누리면서 건강하고 튼튼해지기를 원할 거야.

과체중이라면 어떡해야 할까? 몸무게를 줄여야 하지 않을까?

의사나 자격을 갖춘 전문가만이 키와 나이에 비해 건강한 체중인지 여부를 판단할 수 있어. 체중계도 눈도 그걸 정확히 말해 주지는 못해. 네 주변의 누구도 제대로 판단할 수 없지. 건강한 몸무게와 허리둘레는 대개 체질량지수(BMI)를 측정해서 연령대별로 만들어진 특별한 도표에 표시되는데 그 범위가 매우 넓어. 의학적 자격을 갖춘 사람이 나이에 비해 체질량지수가 너무 높다고 판단하면 전문가의 감독하에 나이에 적합한 체중으로 감량하도록 도와줄 거야. 이런 과정을 '다이어트'라고 불러서는 안 돼. 새롭고 건강한 생활방식, 네가 좋아하는 질 좋은 음식으로 구성된 식단, 네가 기분 좋게 할 수 있는 운동, 멋진 몸으로 만들어 줄 새로운 조언과 습관으로 이루어진 과정이어야 해.

온라인에서 도움을 받을 수도 있어. 건강한 생활 방식을 장려하는 공식 기관이어야 하고 마른 몸을 강조하는 곳은 피해야 해. 앞서 했던 말을 반복할게. 그만큼 중요하거든. 체중을 감량해 준다는 광고는 피하고 살을 빼게 해 준다는 약은 먹지 말자. 배고프거나 어지럽거나 신경이 예민해지거나 집중력을 떨어뜨리는 수준으로 음식을 제한하지 않도록 하자.

> 제 몸매와 비율이 꽤 괜찮다는 사실을 알면서도 몸무게가 걱정돼요. 먹는 것을 너무 좋아해서 걱정이기도 하고요. 저는 매일 스쿼트와 윗몸 일으키기를 하고 공원에서 달리거나 헬스클럽에 가요. 초등학생 때는 날씬하고 탄탄했는데 지금은 체중이 많이 늘었어요. 그래서 자꾸 불안해요.   아퀼랏, 16세

 나다운 몸을 위하여
- -
음식을 즐겁게 먹는 일을 포기해서는 안 돼! 음식은 우리를 강하고

건강하게 해 줘. 우리 몸은 음식을 즐기도록 만들어졌어. 몸과 몸
이 원하는 것을 존중해야 해.

체중 감량에 집중하는 대신 네가 해야 할 건강한 행동이 무엇인지
생각해 보자. 좀 더 활동적으로 움직이고, 팀을 이뤄 운동하는 그룹 활
동에 참여하고, 컴퓨터나 휴대폰 사용 시간을 줄이고, 과일과 채소를
더 많이 먹는 식으로 말이야. '날씬'해지는 일이 목표가 아니라는 점을
기억해야 해. 우리의 목표는 튼튼하고 건강하고 균형 잡힌 몸이야.

잘 먹는 법

자, 지금부터 내 비법을 공개할게. 영양사에게 검토해 달라고 부
탁한 적도 있어. 일반적인 조언과 크게 다르지는 않아.

음식을 사랑하자

앞에서 음식은 연료이고 우리 몸과 뇌에 에너지와 영양소를 공급
해서 다양한 일을 하게 해 준다고 이야기했는데, 사실 그 이상의 가
치가 있어. 음식은 우리에게 기쁨을 줘. 또 그래야만 해. 동물과 마찬
가지로 인간도 음식의 특정한 맛을 즐기도록 진화했어. 배고픈 느낌

은 먹어야 한다는 점을 깨닫게 해 주기 때문에 중요해. 그러니 건강하게 살려면 음식을 좋아해야 해.

우리 뇌는 음식이 풍족하지 않아서 과식할 기회가 없었던 원시시대에 맞춰져서 작동하고 있어. 그러다 보니 현대를 살아가는 사람들에게는 두 가지 중요한 '문제'가 있어. 첫째, 지금 우리에게는 우리 조상에게 허락되었던 것보다 훨씬 많은 음식이 주어진 데다가 너무나 쉽게 구할 수 있기 때문에 필요 이상으로 많이 먹을 때가 많아. 그리고 싸고 쉽게 구할 수 있는 음식은 영양소가 풍부하지 않을 가능성이 높아. 우리는 배고픔이나 포만감이라는 신호를 무시하고 단지 음식이 눈앞에 있기 때문에 먹을 때가 많지.

둘째, 대부분의 사람이 음식에 죄책감을 느껴. 체중이 늘면 우리는 부끄러워해. 날씬한 몸을 내세운 광고는 과체중이 게으름이나 탐욕 때문이라는 메시지를 담고 있어. 그 탓에 우리는 달콤하거나 기름진 음식을 먹고 싶은 자연스러운 욕구를 억제하려고 애쓰지. 그러다 실패하면 죄책감을 느껴.

> 제가 몸이 편하다고 느낄 때는 건강하게 먹고 좋아하는 운동을 할 때예요. 저는 음식을 좋아하는데, 그 때문에 늘 과식을 걱정해야 했어요. 하지만 음식이 체중을 의미하지 않

즉, 우리는 생존하고 번성하기 위해 칼로리가 필요하고, 그렇기 때문에 고열량 음식을 좋아할 수밖에 없어. 이런 성향은 칼로리를 얻기 위한 음식을 구해야 하지만 그 과정이 매우 어려웠던 시절에서 비롯된 거지. 하지만 수많은 유혹거리에 둘러싸인 지금, 우리는 음식의 기쁨을 누려야 할 때 불안감과 죄책감을 느껴. 이 사이에서 균형을 찾기란 정말 어려워. 건강한 식습관에 대한 지식은 해롭고 부정적인 죄책감과 음식에 대한 부정적인 태도로 이어질 때가 많아. 그런 부정적인 태도는 음식을 영양가 있고 친밀한 것이 아닌 나를 쥐락펴락하는 적으로 여기게 하지. 정부와 학교에서 벌이는 '건강한 식습관' 캠페인이 역효과를 낳는 이유가 여기에 있어. 특정한 음식에 죄책감을 느끼도록 하면 그 음식에 더욱 끌려. 우리에게 필요한 음식을 먹는 일이 중요하다는 사실을 무시하게 만들기도 하지.

그렇다면 과거와 연결된 뇌를 가지고 지금의 세계에서 잘 먹을 방법은 무엇일까?

좋아하는 음식을 쭈욱 적어서 긴 목록을 만들자

어떤 음식이 '좋다' 혹은 '나쁘다'라고 생각하지 말자. 에너지, 힘, 건강을 주기 때문에 챙겨 먹으면 좋은 음식과 간식으로 추가하면 좋을 여러 음식을 생각해 보는 거야. 음식 목록을 가능한 한 다양하고 풍성하게 만들어 봐.

다양하게 먹자

한 가지 음식이 모든 영양소를 골고루 가진 경우는 없기 때문에 어떤 음식(또는 어떤 종류)도 그것 하나만으로는 충분하지 않아. 각 식품이 어떤 영양소로 구성되었는지 복잡한 정보를 알아 둘 필요는 없어. 가능한 한 다양한 종류의 음식을 골고루 먹으면 자동으로 최고의 식단을 갖추게 돼.

다양한 영양소를 섭취하고 있다는 점을 확인할 방법 한 가지는 자연적인 색을 다양하게 선택해 식단을 구성하는 거야. 음식의 색은 영양소와 관련이 있는 경우가 많아. 당근이나 오렌지, 토마토와 딸기, 블루베리와 가지, 콩과 브로콜리와 시금치, 콜리플라워, 바나나 같은 것들을 생각해 봐.

영양소를 골고루 섭취하기 위해 식품군별 음식으로 식단을 짜는 방법도 있어. 다음 항목에서 음식을 골고루 선택해서 하루치 식단에 넣으면 돼.

- **탄수화물**: 파스타, 쌀, 감자, 빵 – 끼니마다 전분으로 구성된 식품을 먹어야 해.
- **단백질**: 달걀, 생선, 가금류, 콩, 곡물, 견과류, 씨앗류 등
- **유제품**: 우유, 요거트, 치즈 등 (소나 다른 동물이 생산하지 않은 대체 식품도 있어. 칼슘이 풍부한 식품을 조사해서 대체해도 좋아.)
- **과일과 채소**: 사과, 배, 딸기, 시금치, 상추 등
- **지방**: 올리브유 같은 식물성 기름이 좋아. 아보카도나 고등어, 연어 같은 지방이 많은 생선류는 몸에 좋은 지방을 풍부하게 함유하고 있어.

♥ 나다운 몸을 위하여

오늘 무지개 색을 모두 먹었니? 먹은 음식을 곰곰이 생각해 봐. 어떤 색이 빠졌다면 내일이나 모레는 잊지 말고 그 음식을 식단에 넣어 봐.

사람들은 통통하거나 말랐다는 이유로 괴롭힘을 당해요. 괴롭힘을 당한 사람은 살을 찌우기 위해서나 살을 빼기 위해서 음식을 조절하지만, 그래도 괴롭힘은 계속되겠지요.

줄리아, 17세

극단적이고 제한적이고 한때 유행하는 방법은 무시하자

누군가가 (주로 셀럽이나 영양과 관련한 전문적인 지식 없이 책을 쓰거나 팔아야 할 제품이 있는 어떤 사람이) 특정한 식품을 먹거나 피하라고 하거나, 특정한 방식이나 독특한 조합으로 음식을 먹으라고 할 때가 있어. 이런 말은 걸러서 들어야 해. 새로 등장한 기적의 식품이라면서 모든 음식에 곁들여야 한다는 말을 들어 본 적 있을 거야. 또는 어떤 것이 몸에 매우 나빠서 피해야 한다는 말도 들어 봤겠지. 이런 견해는 소규모의 연구나 증명되지 않은 이론에 바탕을 둔 경우가 많아. 사람들은 늘 건강에 이르는 마법의 경로를 찾아다니지만 음식을 어떤 방법으로든 제한하는 일은 정부가 정책으로 삼을 정도로 잘 다듬어지기 전까지는 권장하지 않아. 설령 정책이 된다고 해도 청소년이나 어린이에게 맞지 않을 수 있어.

식단에서 특정 음식을 제한하는 일은 식습관과 건강 전반을 위태롭게 해. 가령 생식을 고집하는 사람들이 있지만 영양사들은 이 방식을 추천하지 않아. 생식은 음식을 지나치게 제한하는데다가 영양소가 부족할 가능성이 커. 익히지 않은 음식도 좋은 점이 있겠지만 익힌 음식도 유익한 점이 많아. 당근이나 토마토는 익혀 먹으면 영양소 흡수율이 높아져.

소위 건강식이라고 주장하는 다양한 식단 시스템이 존재해. 한 예로 '클린 이팅clean eating'이라고 부르는 식사법이 있는데, 자연과 가장 가까운 상태의 식품을 섭취하고 가공식품이나 정제된 곡물을 멀리

하는 식단을 추구해. 다시 말하지만, 이 식단 역시 위험할 정도로 식품을 제한해. 특히 청소년들은 한창 자라는 시기인 만큼 제대로 기능하고 발달하는 데 필요한 다양한 영양소와 충분한 에너지를 섭취해야 해.

그렇다면 어떻게 먹어야 하는 걸까? 최고의 조언은 다양한 음식을 종류별로 골고루 먹어야 한다는 거야. 몸이 필요로 한다고 느끼는 것을 먹어. 그러려면 네 몸에 관심을 기울여야 할 거야. 그리고 질 좋은 식재료들에 관심을 가지고 실제로 많이 먹어 봐야겠지. 한쪽으로 치우치지 말고 중도를 지켜야 해. 마법의 답을 찾아 헤매거나, 충분한 시간을 들여 반복된 연구로 증명된 방법이 아니라면 따르지 말자.

> ### ♡ 나다운 몸을 위하여
>
> 식재료를 새로운 방식으로 요리해 봐. 요리법이 달라지면 맛이 완전히 달라지기도 하거든. 예를 들어 새싹 채소나 양배추를 좋아하지 않더라도 굽거나 튀기거나 갈았을 때는 마음에 들 수 있어. 수프로 만들어 보는 것도 좋은 방법이야.

가공식품을 이해하자

미디어에서는 '가공식품'에 관해 많이 다루는데, 상당 부분이 부정적인 내용이야. 하지만 대부분의 가공식품은 문제 될 것이 없고,

다양한 가공 방법은 신선도를 유지하는 데 도움이 되기도 해. 예를 들어, 냉동식품과 통조림 제조법은 영양소를 보존하는 아주 훌륭한 방식이고 제조 과정도 크게 문제가 없어. 가공식품인지 여부에 따라서만 음식을 분류하면 그 음식의 영양소 구성은 고려되지 않아. 예를 들어 통밀빵은 가공식품이지만 건강한 식단에 항상 들어가 있어.

하지만 고도로 가공된 식품을 많이 먹으면 비만이 될 가능성이 있고, 암이나 심장병 같은 심각한 질병을 일으킨다는 증거가 있어. 현재 전문가들은 가공육, 파이, 과자류 같은 고도의 가공식품은 식단에 소량만 포함해야 한다고 조언해.

새로운 맛을 시도하자

우리의 취향은 나이가 들어감에 따라, 새로운 것을 시도하면서 변하기 마련이야. 취향의 폭을 넓히면 선택권도 많아지고 즐거움도 커져서 좋지. 특히 자극적인 맛을 지닌 음식이라면 처음에는 좋아하지 않아도 다시 시도해 보거나, 다른 방식으로 요리하면 좋아하게 될지도 몰라. 대부분의 음식은 매번 정확하게 같은 맛이 나지는 않아. 예를 들어 올리브나 토마토나 치즈는 종류별로 상당히 다른 맛이 날 수 있어. 즉, 어떤 치즈를 좋아하지 않는다면 다른 치즈는 괜찮을 수도 있다는 뜻이지.

♥ 나다운 몸을 위하여

한 번도 먹어 본 적 없는 음식을 떠올려 봐. 가족에게 그 음식을 먹어 보자고 제안해 보자. 가족들이 한 사람씩 돌아가면서 매주 새로운 음식을 고르는 방법도 있어. 그 음식을 좋아해야 한다는 부담은 갖지 않아도 돼! 올리브라든가 먹어 본 적 없는 생선이라든가 이국적이고 묘하게 생긴 과일이라든가 초밥 등등 여러 가지가 있지.

미각은 즐거움 중 하나고 순수하게 개인적인 경험이야. 미각을 누리기 위해서는 연습이 필요한데, 음식에 대한 감각을 키우고 제대로 즐기기 위해서라면 공을 들일 가치가 충분해.

직접 요리하자

음식을 즐기는 최고의 방법은 직접 요리하거나 가족들과 함께 음식을 준비하는 거야. 십 대 시절에 나는 여러 가지 재료를 넣어서 풍미가 아주 좋은 쌀밥을 만든 적이 있어. 내 미각은 열렬히 반응했지. 가족 중 오직 나만 그 음식을 만들 줄 알았어!

직접 요리하면 네가 먹는 음식에 무엇이 들었는지 속속들이 알 수 있어. 인간의 기본적인 욕구를 채울 엄청난 힘을 갖게 되는 셈이기도 해. 음식은 우리 몸의 연료야. 요리는 오래오래 사용할 유용한 기술이지.

직접 길러 보자

직접 식재료를 기르는 일은 만족도가 높은 취미야. 큰 정원이 필요한 것도 아니야. 햇볕이 잘 드는 베란다나 발코니나 창턱 등에 화분을 놓고 작은 정원을 만들어 봐. 거기서 무엇을 기를 수 있는지 알면 놀랄걸. 어떤 식물이 재배 가능한지는 네가 사는 지역의 기후에 따라 달라. 추운 나라에서도 식물을 기르는 일은 가능해.

대부분의 식물을 화분에서 키울 수 있지만 면적이나 깊이가 더 커야 하는 종류도 있어. 벽을 타고 올라가거나 잘 버티도록 도와줄 막대기나 구조물이 필요한 식물도 있지.

작은 정원 가꾸기에 관심이 있다면 네가 사는 지역에서 키우기 적당한 식물을 찾아봐. 네가 좋아하는 식재료라면 더 좋겠지! 기르는 방법도 검색해 봐! 피자나 리소토 위에 얹을 허브, 파스타 소스나 샐러드나 샌드위치나 김밥 재료로 쓸 만한 채소도 좋아. 어린잎 채소, 토마토, 고추도 키우기 쉬운 식물이야. 줄기 하나에 꽤 많은 고추가 열리는데, 잘 익은 고추를 따서 영국에서 유명한 칠리 잼chilli jam을 만들어 봐. 고기나 치즈랑 함께 먹으면 정말 맛있어. 병에 담아 선물해도 좋겠지. 콩, 호박, 오이처럼 지지대나 구조물을 세워 길러야 하는 식물도 있는데 키우는 재미가 쏠쏠해.

친구와 함께하는 음식

음식은 사람들을 하나로 만들어 줘. 꼭 외식할 필요는 없어. 친구를 초대하거나 친구 집에 가는 방법도 있지. 친구를 집으로 초대해서 함께 요리하거나 친구들을 위해 직접 요리하는 건 어때? 한 끼를 통째로 책임지는 일이 부담스럽다면 주말에 쿠키를 굽는다거나 샌드위치 재료를 준비해서 월요일이나 화요일 방과 후에 친구들을 초대하는 방법은 어떨까? (며칠 보관해도 괜찮은 재료들은 꽤 많아.) 친구들을 초대해서 피자를 만드는 건 어때? 피자는 만드는 과정도 재미있고 쉬운데다 진짜 맛있어.

 나다운 몸을 위하여
- -
견과류를 강력히 추천해! 견과류야말로 (알레르기가 없다면) 영양 면에서 최고야. 지구가 선물한 건강식품이라는 말도 있을 정도야.

친구들이 각각 한 가지 요리를 가져오는 방법도 있어. 요리에 자신이 없는 사람에게는 샐러드나 채소를 소스에 찍어 먹는 간단한 메뉴를 맡기는 거야. 식도락 클럽을 결성해 봐. 한 달에 한 번 돌아가면서 식사를 주최하고 각자 메뉴 한 가지씩을 맡는 거지. 인도식 요리, 여러 음식을 조금씩 담아 내는 스페인식 타파스, 크리스마스 스타일, 채식이나 생선 요리처럼 주제가 있는 저녁 식사를 준비해도 좋겠지. 친구 중에 음식을 부정적으로 생각하는 사람도 있을지 몰라. 입맛이 까다롭다든가 낯선 음식에 대한 두려움이 크다든가 체중이 늘까 봐 걱정일 수도 있어. 그러니 억지로 밀어붙이지 않는 것이 좋아. 알레르기 때문에 먹지 못하거나 별로 좋아하지 않는 음식에 마음을 여는 일도 중요해. 그리고 진짜 중요한 것은 음식을 중심으로 모두 함께 어울리는 시간을 즐기는 거야.

음식을 나누며 축하하기

생일, 명절, 종교 관련 축제일, 결혼식, 졸업식, 학교 축제 같은 자리에서 먹는 음식은 풍성하고 맛있어. 음식은 함께 축하할 때 중요한 역할을 해.

💙 **나다운 몸을 위하여**

친구랑 같이 아이스크림이나 케이크를 사 먹으러 가자. 함께 즐기는 거야! 네 몸도 가끔은 달콤한 간식이 필요해. 그럴 자격이 있고말고.

나는 케이크 종류를 싫어하는데, 누군가의 생일이라 케이크를 나누어 먹을 때는 거절하지 않아. 그럴 때의 거절은 "아니요, 저는 함께 축하하고 싶지 않아요"라고 말하는 것과 같아. 음식과 관련해서 '반드시 먹어야 한다'라거나 '먹지 말아야 한다'는 생각은 좋아하지 않지만 음식을 함께 나누면서 어울리고 친해지는 매개로 여기는 것은 좋다고 생각해. 그래서 나는 케이크를 조금이라도 먹으면서 함께 축하하려고 하지. 혹시 섭식장애를 겪고 있다면 음식으로 축하하는 자리가 힘들 수 있어. 음식이 무찌르거나 정복해야 할 적으로 보일 수도 있을 거야. 풍성하게 차려진 음식을 보고 겁을 먹을지도 몰라. 아이스크림, 초콜릿, 버터는 축하하는 자리에 가장 많이 사용되는 재료인데 그런 것을 먹을 때 죄책감을 느낄 수도 있을 거야. 이 부분을 읽으면서 불안감을 느낄 수도 있어. 그런 느낌이 든다면 음식을 기쁜 마음으로 대할 수 있도록 전문가의 도움을 받자.

축하하는 자리에서 음식을 즐기는 일은 중요해. 자연스럽고 인간적이며 보람 있는 일이지. 네가 마땅히 누려야 할 부분이기도 하고.

물은 어떨까?

물은 에너지로 사용되지는 않지만 꼭 필요해. 우리 몸은 70%가량이 물로 이루어졌어. 또 땀을 흘리고 숨을 쉬고 화장실에 가면서 수분을 잃지. 그래서 물을 마셔서 수분을 유지해야 해. 덥거나 아프거나 운동을 했다면 물을 더 많이 마셔야 해.

얼마나 마셔야 할까?
목이 마른 느낌은 물을 마시라는 신호야. 가능하면 물을 가지고 다니면서 갈증을 느끼지 않도록 충분히 마셔야 해. 날씨가 덥거나 운동량이 많은 날에는 평소보다 더 많이 마셔야 하지. 전문가들은 선선한 날씨일 경우 하루에 최소 6잔, 덥거나 활동량이 많은 날에는 8잔 정도의 물을 마시기를 권해. 음식과 다른 음료에 들어 있는 수분까지 포함해서. 반드시 순수한 물일 필요는 없어. (우리가 먹는 식재료에는 수분이 꽤 많아. 사과 하나에는 85% 정도의 수분이 들어 있지.)

다른 음료는 어떨까?

모든 음료는 대부분이 수분이지만 우리의 체수분을 유지해 주는 물과 같은 역할을 하지는 않아. 물을 어디서 얻느냐가 중요해. 이상적인 수분 공급원은 순수한 물이야. 괜찮은 음료도 있긴 하지만 차이점을 알아 둬야 해. 건강에 이로운 순서대로 하나하나 짚어 보면서 좀 더 나은 선택을 해 보자.

✦ **우유**: 대부분의 사람에게 좋아. 수분뿐만 아니라 단백질, 칼슘, 비타민 등 다양한 영양소가 들어 있어. 우유를 좋아하지 않거나 마실 수 없는 사람들은 양이나 염소젖 혹은 귀리, 아몬드, 코코넛 음료나 두유처럼 동물이 생산하지 않은 대체 음료를 선택할 수 있어.

✦ **과일티와 허브티, 카페인이 함유되지 않은 음료**: 수분 필요량을 채우기에 괜찮은 음료야.

✦ **과일(을 갈아서 만든) 주스와 스무디**: 산과 당분을 많이 함유하

고 있는데 이런 성분은 치아에 해로워. 그러니 너무 많이 마시지 않는 게 좋아.

✦ **카페인**: 커피, 대부분의 차, 에너지 음료, 콜라에 들어 있어. 일반적으로 카페인은 각성 효과를 일으키는데 (잠자리에 들기 전에는 피해야겠지) 많은 양을 섭취할 경우 초조함과 불편함을 느끼는 사람들도 있어.

✦ **탄산 음료**: 가끔 마시는 것이 좋아. 당분이 많아서 치아에 해롭고 혈당을 순식간에 올려.

✦ **에너지 음료**: 카페인과 당분 함량이 높은데다 각성 물질과 첨가물도 들었기 때문에 피해야 해. 이런 종류의 음료는 각성 효과가 매우 강해서 해로운데다 중독성이 있어. 고함량의 카페인은 이른 아침에 마셨다 해도 초조하고, 어지럽고, 심장이 두근대고, 피곤한데도 잠이 오지 않는 경우가 많아.

✦ **술**: 수분 섭취에 전혀 보탬이 되지 않아. 오히려 탈수를 일으키고 여러 가지 문제를 야기하지. 알코올과 에너지 음료를 같이 마시려는 생각은 절대 해서는 안 돼. 네 뇌가 제대로 작동하기를 바란다면.

물을 충분히 마시지 않으면 어떤 일이 일어날까?

탈수 증상으로 두통, 어지럼증, 집중력 저하, 과민함 등이 있어. 소변 색도 진해져. 탈수 증상이 있을 때 물을 마시면 기분이 금방 좋아진다는 사실을 깨달을 거야. 체내 수분량을 잘 유지하면 집중력과 기분을 관리하는 데 도움이 돼.

물을 지나치게 많이 마셔도 될까?

우리 혈액은 미네랄, 소금, 화학 물질이 적절히 균형을 이뤄야 해. 물을 너무 많이 마시면 혈액의 농도가 옅어지고 균형도 깨져. 몸속 수분량이 지나치게 많을 때를 저나트륨혈증이라고 불러. 그러면 나트륨 수치가 위험할 정도로 낮아져서 치명적인 상태가 돼.

물을 충분히 마셔야 한다는 데 집착하지 마. 예를 들어 물을 마시자마자 빈 물병을 바로 채우지 마. 하루 권장 수분 섭취량인 6~8잔에서 더 많이 마셔야 하는 경우는 덥거나 운동으로 땀을 많이 흘렸을 때뿐이야. 목이 마를 때 마시는 것으로 충분해.

갈증이 주요 증상인 흔치 않은 질병이 몇 가지 있는데, 당뇨도 그중 하나야. 운동도 하지 않았고 날씨가 덥지도 않은데 자주 목이 마르면 의사에게 진단을 받아 보는 것이 좋아.

소금 섭취량을 확인하자

소금은 갈증을 일으켜. 감자튀김이나 소금을 뿌린 땅콩처럼 짠 음식을 먹을 때 느꼈을 거야. 이런 현상은 수분을 흡수하는 소금의 특성 때문에 일어나. 습기로 눅눅한 방에 소금을 한 그릇 놓아 두면 소금이 공기 중의 습기를 흡수해서 눅눅해져. 우리가 소금을 먹으면 혈액 속 수분량이 감소하면서 혈액의 농도가 짙어지겠지. 몸은 물을 충분히 마시도록 갈증을 느끼게 해서 균형을 유지하려고 할 거야. 얼마나 영리한지 몰라!

우리 몸은 소금이 필요하지만 지나치게 많이 먹어서는 안 돼. 짠 음식을 많이 먹으면 그런 음식을 더 먹고 싶어져. 문제는 인기 있는 음식들은 대개 소금 함량이 높다는 데 있어. 감자튀김, 대다수의 맛있는 간식들, 가공식품 등이 그 예야. 짭짤한 맛이 나는 과자나 소스류에는 엄청난 당분과 함께 다량의 소금이 들어가 있어. 간장에도 소금이 많이 들었으니 적당히 먹어야 해.

우리는 싱거운 음식을 좋아하도록 혀를 훈련할 수 있어. 우리의 몸을 위해 기꺼이 해야 하는 일이야. 레몬이나 라임즙, 허브나 후추를 넣어서 음식의 맛을 돋워 봐. 난 신선한 재료로 잘 요리하기만 하면 대부분의 음식에는 소금을 넣을 필요가 없다고 생각해. 간단하게라도 요리를 한번 해 봐. 구운 감자에는 올리브 오일과 고추가 환상적으로 어울리고, 달걀 요리에 고춧가루를 뿌리면 풍미가 확 산다는 사실을 너도 알게 될 거야.

몸은 다양한 음식을 좋아해!

> 11살 때 저는 뚱뚱하다고 놀림을 받았어요. 제 '친구들'이 뒤에서 제 이야기를 하면서 뚱뚱하다고 수군댔대요. 친하다고 생각했던 사람들에게 이런 말을 들으니 정말 상처가 크더라고요. 저는 엄마에게 다이어트를 하게 해 달라고 사정했어요. 지금도 제 몸을 다른 사람들이 어떻게 볼지 굉장히 신경 쓰는 편이긴 하지만, 학교에서 신체 이미지와 사람마다 체형이 다르다는 점에 관해 듣고 공감했기 때문에 제 몸을 사랑하는 방법을 배워 나가고 있어요. 제가 하고 싶은 말은 자신이 어떻게 보일지 신경 쓰지 말고 여러분을 사랑하는 사람들 곁에 있으라는 거예요.   사라, 16세

음식에 관해 기억해 둬야 할 세 가지 중요한 사실이 있어. 첫째, 음식을 충분히 먹어야 해. 음식 섭취는 몸이 제대로 작동하기 위한 유일한 방법이야. 새로운 세포가 자라서 좋은 피부와 머릿결과 튼튼한 손발톱을 갖고 뇌가 제 역할을 잘하기 위해서는 반드시 다양한 음식을 먹어야 해.

둘째, 다양한 음식을 먹을수록 식단을 통해 필요한 영양소들을 얻을 가능성도 커져. 유행이나 증명되지 않은 이론은 우리가 무엇을 먹어야 하고, 먹지 말아야 하는지에 집착해. 이런 방식은 몸에도 좋지 않고 긍정적인 신체 이미지를 손상시켜.

셋째, 음식은 연료일 뿐만 아니라 즐거움이기도 해. 싫어하는 음식을 억지로 먹을 필요는 없어. 다만 다양한 종류를 한 번 이상 맛보는 연습을 해 봐. 처음에는 낯선 느낌이 드는 것이 당연해. 먹어 봤는데 딱히 마음에 들지 않는다면 먹을 필요 없어. 네가 좋아하는 음식과 맛을 찾아서 다양하게 먹고, 네가 선택한 음식이 몸과 뇌에 영양을 공급해 주리라는 긍정적인 느낌을 얻는 것을 목표로 삼아 봐. 음식을 기분 좋게 받아들이면 음식도 네 몸에 이롭게 작용할 거야.

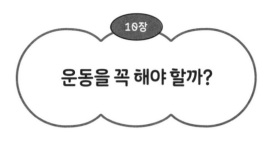

10장

운동을 꼭 해야 할까?

운동하라는 말을 지겹도록 듣고 있니? 네가 운동을 좋아하지 않거나, 튼튼하지 않거나, 아프거나, 장애가 있거나, 운동을 할 마음이 없다면 정말이지 짜증 나는 말일 거야. 사람들(과 웹사이트들)은 이래라저래라만 하고, 이미 운동을 즐길 준비가 된 운 좋은 사람들과만 이야기를 나누려고 하지.

나는 운동을 좋아하지 않았어. 덥고 땀나는 것은 질색인데다 경쟁해야 하는 스포츠는 (관람이나 직접 참여하는 것 모두) 견디기 힘들고 두 사람이 짝을 지어 하는 경기나 팀 경기에서는 엄청난 스트레스를 받았어. 나는 다른 사람을 의식하는 편이라 사람들이 지켜보는 앞에서 활동하는 일을 좋아하지 않아. 게다가 열 살 때부터 관절이 좋지 않았어. 바쁜 일상을 보내면서 운동까지 하는 건 힘들다는 사실도

잘 알고 있지. 운동이 어렵다고 생각하는 데에는 그럴 만한 이유가
있어.

> 저는 운동 신경이 좋지 않아서 맞는 운동을 꽤 오래 찾아야
> 했어요. 자전거나 달리기가 잘 맞았는데 계속 하다 보니 다
> 리가 정말 튼튼해졌어요.　　　　　　　나나 콰메, 14세

　꽤 많은 논문을 읽으면서 운동이 몸과 마음의 건강에 큰 도움이
된다는 사실을 알게 됐어. 문제는 운동을 좋아하지 않으면 운동이
얼마나 도움이 되는지 알 만큼 충분히 운동을 할 가능성이 적다는
거야. 그래서 좋아하고 즐길 수 있는 운동을 찾는 과정이 필요해. 그
러려면 여러 운동을 해 봐야 하는데 이때 인내심이 필요하지. 누구
에게나 체력과 장애 여부, 성격 등 각자 특성에 잘 맞게 즐길 수 있
는 운동이 있다고 나는 믿어.
　적당한 운동을 찾아 도전하기 전에 운동으로 얻는 이점을 살펴
보자.

운동을 하면 무엇이 좋을까?

운동마다 얻을 수 있는 효과는 달라. 특정한 근육을 사용해야 하는 운동이 있고, 심장과 폐 기능을 강화하는 데 초점을 둔 운동도 있어. 몸의 모든 부분을 강화할 수 있는 운동은 없어. 다양한 운동이 주는 효과는 다음과 같아.

적정한 체중 유지

이제 잘 알겠지만, 이 책은 체중 감량에 초점을 맞추지 않아. 운동은 체중을 '건강한 범위 내'에서 유지하는 데 중요한 역할을 해. 만약 운동을 지나치게 많이 한다면 신체에 해가 될 위험이 있지만, 매일 운동하겠다는 목표는 매우 바람직해. 꾸준한 운동은 몸과 마음을 강하게 하는 데 도움이 돼.

> 저는 운동을 많이 하는데, 특별히 어떤 모습이 되기 위해 운동을 하는 건 아니에요. 운동 자체가 재미있고, 여러 가지로 건강에 도움이 된다고 믿기 때문에 운동을 해요. 아담, 17세

튼튼한 근육과 관절

다치거나 특정한 어려움이 없는 사람의 경우 운동은 관절을 보호

하는 근육이 더욱 강해지도록 단련하는 데 도움이 돼. 더 빨리 달리고, 더 많은 무게를 들어 올리고, 더 멀리 던지고, 더 강해질 수 있지.

관절, 특히 무릎과 발목은 우리의 몸을 지탱해야 해서 여러 문제를 일으키기 쉬워. 근육이 약해서 제대로 지지해 주지 못한다면 상황은 심각해져. 관절이나 뼈나 근육에 문제가 있다면 병원에 가거나 물리치료사에게 올바른 운동법을 배워야 해. 통증을 무시해서는 안돼. 하지만 단순히 운동을 중단하는 것은 해결책이 될 수 없어. 관절에 통증이 있다는 것은 훨씬 복잡한 문제이기 때문에 전문가의 지도가 필요해.

 나다운 몸을 위하여

방에서 좋아하는 음악을 틀고 춤을 춰 봐. 거울 앞에서 동작을 연습해도 좋겠지.

튼튼한 뼈

점프, 달리기, 체조처럼 몸에 적당한 '충격'을 가하는 활동은 팔다리의 뼈를 튼튼하게 해 줘. 이런 운동은 뼈의 밀도를 높여서 골절 가능성을 낮춰 주지. 나이가 들면 골밀도를 높이기가 굉장히 어려워. 지금 이런 운동을 하면 큰 도움이 돼.

몸에 심한 충격을 주는 운동은 손상을 일으킬 수 있어. 달리기나 점프를 많이 한다면 체육 지도 교사나 자격을 갖춘 스포츠 트레이너에게 조언을 받아 봐.

심장 강화와 '안정 시 심박수' 낮추기

체력을 확인하는 방법 중 한 가지는 특정한 활동을 하는 중에 심장이 얼마나 빨리 뛰는가를 측정하는 거야. 이때 심박수는 체력이 좋아질수록 낮아져. '안정 시 심박수'는 아무것도 하지 않고 가만히 앉아 있을 때 심장이 뛰는 속도야. 우리 심장은 활동할 때나 어떤 일을 앞두고 불안할 때 더 빨리 뛰어야 해. 건강한 심장은 활동을 마치면 빠르게 안정 시 심박수로 돌아오지. '유산소운동'이 심장을 건강하게 만드는 데 도움이 돼. 가볍게 달리거나 점프를 하거나 빨리 걷는 운동이 유산소운동이야. 포털 사이트나 유튜브에서 검색해 봐.

 나다운 몸을 위하여

자신이 운동을 충분히 하지 않는다고 생각한다면 엘리베이터 대신 계단을 이용하고, 버스를 타면 한 정거장 전에 내려서 걸어 봐.

혈색 좋은 피부

운동을 하면 온몸에 흐르는 혈액량이 증가해. 피부의 혈액량도 마찬가지로 늘어나지. 혈액은 영양분뿐만 아니라 산소를 운반해서 피부를 건강하게 만들어. 산소는 피부의 콜라겐 생성을 돕고 탄력을 높여 줘. 운동을 하면 피부가 좋아졌다는 느낌이 들 거야.

스트레스 감소

운동을 규칙적으로 하는 사람들은 스트레스가 즉시 해소되는 효과를 알아차려. 거기에는 몇 가지 이유가 있어. 운동을 하면 몸에 엔도르핀이라는 화학 물질이 분비돼. 엔도르핀은 기분이 좋아지게 하는 물질로 뇌에서 자연적으로 만들어져. 그리고 운동에 집중하면 걱정을 덜 수 있어. 결국 삶의 질이 높아지고 성취감을 얻게 되지. 운동하는 사람들 대부분은 점차 스트레스가 주는 것을 느낄 수 있어.

숙면

저녁에 격렬한 운동을 하면 각성 효과 때문에 잠이 오지 않을 수 있지만, 낮에 운동을 하거나 저녁에 (요가나 스트레칭 같은) 강도가 낮은 운동을 하면 숙면에 도움이 돼.

활기찬 기분

운동하는 동안 뇌에서 만들어 내는 엔도르핀은 기분을 좋게 하고 긍정적인 느낌을 주고 성취감을 높여 줘. 운동을 끝내고 나면 결국 이런 기분을 느끼지. "와우! 해냈다!"

우울증을 앓는 사람들에게 운동이 어떤 의미가 있을지 연구한 사례들이 있어. 이 연구들의 메시지는 분명해. 절대 운동은 하고 싶지 않다고 느낄지도 모르지만, 하기만 한다면 후회하지 않으리라는 것. 운동을 해야겠다는 동기부여와 꾸준히 할 수 있는 운동을 찾기 위해 도움이 필요할 수도 있지만, 그런 수고를 해 볼 가치는 충분해. 계속 읽어 나가면 정말 내키지 않을 때 운동을 시작할 수 있는 전략을 알려 줄게!

> 저는 카약과 수영을 해요. 이 운동 덕에 저는 성취감과 행복을 느껴요. 실력을 계속 발전시키고 싶어요.   마리아, 15세

몸이 제대로 기능하고 더 강해지고 건강하다는 사실을 깨달으면 행복감을 느껴. 새로운 친구를 만나고, 새로운 것을 배울 의욕도 생기지. 생각했던 것보다 운동을 즐기는 자기 모습에 깜짝 놀랄지도 몰라.

우울증이나 불안감이 있는 사람들에게 운동은 생명을 구하는 활동이기도 해. 물론 운동이 잘 맞지 않는다고 생각하고 운동의 이점을 경험하지 못하는 사람들도 있겠지. 하지만 한번 시도해 볼 만한 가치는 충분해. 인내심을 발휘해야 할 때도 있고, 활동마다 다른 시도를 해 볼 수도 있고, 친구나 팀의 도움이 필요한 경우도 있을 거야. 시도하지 않는다면 절대 모르겠지.

겉모습보다 마음의 충만감이 훨씬 중요하다고 생각해요. 저는 운동할 때, 특히 음악에 맞춰 춤을 출 때 기분이 좋아져요. 이런 좋은 느낌은 우리가 계속 몸을 움직이도록 자극하지요. 신체 사이즈, 나이, 능력에 상관없이 모든 청소년이 경험해 봤으면 좋겠어요.

다시 버셀, 영국 로열 발레단 수석 무용수

즐길 만한 운동 찾기

'즐길 만한' 운동이라는 말은 추운 아침에 몸을 일으켜 동네 수영장으로 가서 탈의실에서 몸을 덜덜 떨다 보면 분명 열정이 샘솟으리라는 뜻이 아니야. 숨이 턱까지 차오르고 땀이 줄줄 흐를 때의 느낌을 네가 사랑하길 바라서 하는 말도 아니야. 그런 기분을 좋아하는 사람도 있지만 그렇지 않은 사람도 많거든!

나다운 몸을 위하여

운동을 그다지 좋아하지 않는다면, 비슷한 고민을 하는 친구를 찾아봐. 서로 아이디어를 내서 함께 하거나 서로 도울 방법을 찾는 거야. 서로 경쟁하거나 일부러 어려운 운동을 할 필요는 없어.

나처럼 운동을 즐기기 힘들어서 고통받는 사람들에게 내가 말하고 싶은 운동의 즐거움이란 집에서 혼자 스트레칭할 때의 시원한 기분이야. 또는 운동 후 샤워를 하고 깨끗한 옷으로 갈아입을 때 자신감이 차오르고, 정신이 맑아지고, 숨쉬기가 편해지고, 마음이 가벼워지는 기분이지. 자신이 한 일을 생각할 때 얼굴에 슬며시 번지는 미소 같은 거야. 남은 하루 동안 일을 더 잘해야겠다고 다짐할 때도 그렇잖아. 자신감이 높아지고 몸이 매번 더욱더 멋져진다는 생각에 뿌듯한 느낌이 드는 거 말이야. 그런 기분은 직접 경험해 봐야만 알 수 있지. 시작하자마자 느낄 수 있는 것도 아니야. 그러니 꾸준히 해 보자!

저는 학교 다닐 때 운동을 좋아하지 않았어요. 경쟁해야 하는 상황이 너무 힘들었거든요. 선생님들은 운동을 잘하지 못하는 저를 좋아하지 않았어요. 그래서 몇 년 동안 운동을 하지 않았지요. 하지만 지금은 완전히 달라졌어요. 지금 저는 일주일에 세 번 수영을 해요. 덕분에 건강해졌고, 운동을 할 때마다 믿을 수 없을 정도로 기분이 좋아요. 아침에 제일 먼저 수영장에 가면 온종일 기분이 좋아요.   캐롤라인, 23세

나에게 맞는 운동을 찾기 위한 팁

✦ **나 자신을 알자**: 개인 활동 혹은 팀 활동, 경쟁적인 것 또는 비경쟁적인 것, 어느 쪽이 좋아? 다른 사람과 함께 운동하고 싶어, 혼자 운동하고 싶어? (달리기나 축구처럼) 격렬한 운동에 끌려, (걷기나 요가처럼) 가벼운 운동에 끌려? 완전히 새로운 것에 도전해 보고 싶어, 쉽고 익숙한 것을 꾸준히 하고 싶어?

✦ **새로운 것에 마음을 열자**: 이때까지는 해 보고 싶다는 생각이 안 들었더라도 한번 시도해 보는 거야. 나에게 달리기는 정말 예상치 못한 운동이었어. 절대 하고 싶지 않다는 말을 입에 달고 다녔거든. 지금은 하게 되어서 정말 기뻐!

✦ **네가 사는 지역을 중심으로 생각하고 조사하자**: 공공 도서관, 구청이나 시청 웹사이트, 학교에서 마음이 끌리는 단체나 클럽을 찾아봐. 실내 암벽등반, 수영, 양궁 등등 너의 몸과 마음에 활력을 줄 무언가가 분명 있을 거야.

✦ **운동 앱을 다운받자**: 굉장히 다양한데다 무료 앱도 많아. 주의 사항이 있어. 낯선 사람이 네 위치를 알게 될 수도 있으니 모르는 사람과 접촉해서는 안 돼.

✦ **도움을 받자**: 혼자 운동할 수도 있지만 모임에 들어갈 수도 있어. 친구들과 함께 온라인 그룹을 만들고 서로 격려하며 운동하는 거야. 이렇게 하는 이유는 서로 지지해 주기 위해서이지 경쟁하기 위해서가 아니야. 경쟁을 원치 않는다면 그럴 필요 없어. 너무 무리하려고도 하지 마. 너에게 필요한 것은 비슷한 사람들과 함께할 때 얻는 좋은 에너지야.

✦ **지나치게 높은 목표를 세우지 말자**: 운동에 익숙하지 않다면 목표를 적당하게 유지해야 해. 그렇지 않으면 즐기기 어려워. 내가 했던 달리기 프로그램은 ('5km를 완주할 때까지'라는 프로그램이었어.) 초보자에게 적당했어. 달려 본 적도 없는 상태에서 점차 거리와 속도를 늘려 나갔는데, 충분히 할 만했어.

✦ **운동을 '할 수 있는' 방법을 찾자**: 다른 사람들 앞에서 옷을 갈아입기가 싫다면 그러지 않아도 돼. 아니면 옷을 갈아입은 상태로 가서 운동한 다음 집에 와서 씻고 옷을 갈아입어도 좋겠지.

✦ **'운동'이라는 단어는 잊고 '활동'이라고 생각하자**: 부모님을 도와 정원을 가꾸거나 친구와 함께 쇼핑하거나 공원을 산책하거나 자전거를 타거나 댄스 동작을 연습해도 좋아. 함께 게임을 하는 일만 해도 가만히 앉아서 할 수 있는 건 아니지. 산책

을 하는 것도 아주 좋아. 빠르게 걸으면 심장 박동수가 증가해. 말은 할 수 있지만 노래는 힘들 정도의 속도로 걸어 봐!

✦ **좋아하는 노래를 틀고 춤을 추자**: 춤은 훌륭한 운동이야. 음악 소리를 내고 싶지 않다면 블루투스 헤드폰을 껴도 좋아.

> 저는 제 신체 이미지에 자신감이 있어요. 하키 선수로 활동하면서 남자건 여자건 사람은 모두 신체적으로 굉장히 다른 점이 많다는 사실을 깨달았어요. 몸이 단단하고 근육질인 아이들이 있는가 하면 말랐지만 빠른 아이들도 있는데, 모두 재능이 있고 어떤 체형이든 멋진 점이 있어요. 소피, 16세

장애가 있다면 어떤 운동을 해야 할까?

네가 당사자라면 어떻게 해야 하는지 나보다 더 잘 알 거야. 제한적이지만 선택해 볼 만한 것들이 있어. 신체에 심각한 장애가 있는 사람들도 몸을 적극적으로 사용할 수 있고, 심장을 강화하고 운동이 가능한 신체 부위의 힘을 기를 수 있어.

온라인 단체에서 네가 처한 특별한 상황을 지원해 줄 여러 가지 방법을 소개받을 수도 있어. 지역 헬스클럽, 도서관, 스포츠 센터도

여러 가지 대안을 제시해 줄 수 있고, 의사와 물리치료사도 도와줄 거야. 장애인 올림픽 선수들은 무엇이 가능한지 직접 보여 줘. 그렇다고 네가 그 사람들처럼 하길 바라는 사람은 없어. 비장애인이 운동하기로 했다고 올림픽 선수의 수준에 도달하길 기대하지 않듯이 말이야.

네가 할 수 있고 즐길 만한 것을 하는 거야. 네 몸을 존중하면 좀 더 멋진 몸이 되길 바라는 마음이 들 테고, 그러면 몸도 너를 위해 충실히 일할 거야.

⚠️경고

운동을 지나치게 많이 하면 몸과 마음의 건강을 해칠 수 있어. 앞에서도 말했듯이, 섭식장애나 비정상적 섭식 행동을 겪는 사람들도 운동을 과하게 하는 경우가 있어. 운동을 한 뒤에는 음식을 먹어야 해. 뭔가 먹었기 때문에 운동하지는 말자. 막 음식을 먹었기 때문에 칼로리를 태울 계획으로 운동을 생각한다면, 그건 위험한 사고방식이야. 많은 사람들이 죄책감을 덜려고 운동을 해. 하지만 전혀 그럴 필요 없어.

규칙적으로 하던 운동을 빼먹었을 때 죄책감을 느끼니? 단지 운동을 해야 한다는 이유만으로 재미난 모임에 빠지기도 하니? 운동

횟수를 갑자기 많이 늘리거나 운동 강도를 높이고 있니? 그렇다면 전문가에게 운동 방식에 관해 조언을 구해 보도록 해. 이런 강박관념도 섭식장애의 한 증상일 수 있거든.

> 저는 몸에 좋은 음식을 먹고 매일 운동하려고 노력해요. 제 외모에도 만족하고요. 그러면서 항상 적정 체중을 유지하려고 노력해요.
>
> 엘라, 15세

한 가지 덧붙일 말이 있어. 타고나길 마른 체형이라면 괜찮지만 '마른 몸'이 되려고 애쓰는 것은 좋은 생각이 아니야. 진짜 건강한 식사는 음식을 충분히 즐겁게 먹는 것이라는 점을 기억하자. 음식을 제한하거나 몸무게나 몸매에 집착하지 않도록 주의해야 해. 몸과 마음에 영양을 공급한다는 생각으로 먹고 운동하는 것이 중요해.

그리고 운동을 지나치게 많이 하면 관절에 무리가 가기 쉬워. 아직 성장이 끝나지 않은 상태에서는 더욱 주의해야 해. 나이가 어린 운동선수들은 전문 코치에게 특별한 관리를 받으면서 운동량이나 강도 면에서 무리하지 않도록 조심해야 해. 아주 중요한 시합을 앞두고 있더라도 이 점을 소홀히 해서는 안 돼.

질병이 있거나 과체중 혹은 저체중인 것 같다면 어떤 행동을 취하기 전에 의사에게 확인받는 것이 우선이야.

온라인에서 운동 정보를 찾는 중이라면 네 나이에 맞는 것을 골라 봐. '청소년을 위한 필라테스'라든가 '십 대를 위한 요가' 등이 좋겠지. 너에게 필요한 운동법을 배울 수 있는 곳이 많을 거야.

 나다운 몸을 위하여

네 체력 수준과 체형에 맞는 운동과 취미를 선택해. 무술, 축구, 하키, 스카우트 같은 청소년 활동, GPS 장비를 이용하여 숨겨진 보물을 찾는 '지오캐싱', 댄스 등등 선택의 폭은 아주 넓어.

우리는 신체적 상황이나 능력이 다 달라. 운동과 스포츠를 대하는 태도도 모두 다르지. 운동은 신체와 정신에 즉각적인 이익을 줄 뿐만 아니라 장기적으로도 매우 유익해. 식사, 수면, 맛있는 음식을 즐기는 일만큼이나 운동도 중요하지. 음식으로 따지자면 자신의 입맛에 따라 즐기지만 새로운 맛에 도전해 보는 일도 놓쳐서는 안 돼. 운동도 마찬가지야.

운동을 어려워하는 사람도 약간의 인내심과 상상력을 발휘하면 즐기면서 할 만한 활동을 찾을 수 있어. 심박수가 정상으로 돌아오면서 몸과 마음을 한 걸음 나아가게 했다는 생각에 뿌듯함이 차오를 때와 같은 진정한 즐거움은 운동을 마친 뒤에 얻겠지만 말이야.

사람들에게 운동하라는 말을 들을 때 불편해하지만 말고 운동에 조금이라도 관심을 기울여 보자. 네 몸을 존중하고 잘 돌보기 위해 운동은 필수야. 다른 사람보다 힘들 수 있지만 몸을 일으켜서 도전해 보자. 넌 할 수 있어!

11장

잘 자는 법

과학자들은 우리가 잠을 자는 이유를 궁금해해. 많은 사람이 조금 자고도 능률을 올릴 방법을 찾고 있지. 잠자는 시간을 줄이면 얼마나 많은 일을 할 수 있을지 생각해 봐!

그런데 잠을 줄이는 일은 매우 좋지 않다고 알려져 있어. 잠은 뇌와 몸이 잘 작동하고 건강을 유지하고 제대로 성장하는 데 중요한 역할을 해. 잠을 충분히 못 자면 집중하기 어렵고, 기분이 좋지 않고, 예민해지고, 실수와 건망증이 잦아지고, 새로운 것을 배우기 힘들고, 질병에 시달리기도 해. 잠이 부족하면 식욕과 체중에도 좋지 않은 영향을 끼쳐. 그리고 밤새도록 뒤척인 다음 날은 당분과 지방을 더 찾는 경향이 있어서 균형 잡힌 식사를 할 가능성이 낮아지기도 해.

나다운 몸을 위하여

마음을 차분하게 해 주는 음악들을 유튜브에서 검색하면 취향에 맞는 음악을 고를 수 있을 거야. 잠들기 전에 들어 봐.

네가 앞으로 불면을 겪을 일이 없다고 장담하기는 힘들어. 누구나 잠들기 어려운 날이 있고 그렇게 살아가고 있으니 말이야. 단잠을 자는 데 도움이 되는 조언을 따르면 앞으로 푹 자는 밤이 점점 늘어날 거야. 네 몸을 더 잘 돌보게 될 거라는 뜻이지.

잠은 어떤 쓸모가 있을까?

몸속의 모든 것들은 눈에 보이든 안 보이든 잘 자야 좋은 상태를 유지해. 피부와 눈과 머리카락, 식욕과 체중, 뇌의 집중력, 몸과 뇌가 활발하게 기능하기 위한 에너지, 면역 체계, 기분과 자신감, 이 모든 것에 깊은 단잠이 필요하지.

잠을 자는 동안 뇌 속의 채널은 혈류가 더욱 빠르게 돌도록 활짝 열려. 혈액을 통해 죽은 세포와 노폐물이 씻겨 나가지. 뇌는 네가 자는 동안 집안일을 하는 셈이야!

잠을 잘 자야 학습 능력도 향상돼. 잠자는 동안 뇌는 낮에 배운 것들을 통합하고, 잘못된 경로를 복구하고, 기억을 저장해. 그렇게 정리한 것은 다음에 아주 잘 활용할 수 있어. 잠을 자는 동안 문제가 해결되기도 해. 잠에서 깰 때 아이디어가 섬광처럼 떠오르는 경우가 그렇지. 러시아의 화학자 드미트리 멘델레예프가 잠결에 원소 주기율표 초안을 봤다는 이야기 들어 봤어? 깨어나자마자 꿈에서 본 주기율표를 종이에 적었다. 흥미로운 점은 그것이 우연히 꾼 꿈이 아니라는 사실이야. 멘델레예프가 원소 분류 문제를 두고 오랫동안 답을 구하기 위해 애쓰던 중에 일어난 거지. 잠을 자다가 놀라운 발견을 하고 싶다면 열심히 노력해야 해!

 나다운 몸을 위하여

잠자리는 편안하니? 혹시 바꿔야 할 부분은 없어? 정리가 필요하다고? 이불이 깨끗하면 눕고 싶겠지. 빛을 가릴 블라인드가 필요해? 블라인드나 커튼을 달기 어렵다면 눈가리개를 마련해 봐. 좋은 향이나 마음에 드는 그림을 주변에 배치해 보면 어떨까?

마지막으로 성장호르몬 이야기를 해 보자. 성장호르몬은 수면 중에 분비되는데 적절한 때에 적당한 만큼 자라도록 해 줘.

수면의 이점은 막 잠들었을 때보다 깊이 잠드는 수면 후반 단계에서 더 많이 나타나기 때문에, 수면 양이 충분하지 않다면 이런 이

점을 누리지 못할 위험이 커. 잠을 깊게 자야 할 이유는 아주 많아.

그렇다면 어떻게 해야 깊게 잘 수 있을까?

먼저, 단잠을 방해하는 게 뭔지 알아야겠지.

무엇이 단잠을 방해할까?

✦ **햇빛**: 인간의 뇌는 낮에는 깨어 있고 밤에는 자야 한다고 인식하는데, 언제가 낮이고 언제가 밤인지는 눈 뒤에 있는 송과샘이라는 작은 세포들을 통해 햇빛을 감지해서 구분해. 뇌가 밤이라고 생각하면 멜라토닌이라는 호르몬을 분비해서 아침까지 잠을 자게 해. 그러니 창문에 블라인드나 커튼을 쳐서 빛을 차단하는 것이 좋아.

✦ **전자 기기 화면의 빛**: 대부분의 전자 기기 화면에서 나오는 빛은 햇빛을 모방해 설계되었기 때문에 잠자리에 들기 전에 사용하면 뇌에 깨어나라는 메시지를 보내는 것과 같아.

✦ **강렬한 감정**: 불안, 긴장, 슬픔, 분노, 흥분 같은 강렬한 감정은 긴장을 풀기 어렵게 해. (전자 기기의 화면을 꺼야 하는 이유 역시 뇌를 깨어 있게 하기 때문이야.) 카페인과 비슷한 효과가 있다고 보면 돼.

✦ **우울증**: 우울증과 수면 문제에는 강한 연관성이 있어. 전문가

들은 우울증이 수면 문제를 일으키기도 하고, 수면 문제가 우울증의 원인이 되기도 한다고 이야기해.

✦ **걱정**: 걱정하느라 깨어 있는 일은 꽤 익숙할 거야.

✦ **너무 덥거나 춥거나 어떤 식으로든 불편한 환경**: 불편감은 어수선한 기분이 들게 해서 잠을 방해해.

✦ **카페인**: 카페인은 흥분제로 심박수를 높이고 긴장하게 만들어. 이런 효과는 수 시간 동안 지속돼. 카페인은 커피와 차, 탄산음료와 에너지 음료, 초콜릿 등에 들어 있어.

✦ **늦은 시간에 하는 힘든 운동**: 늦은 시간에 격렬한 운동을 하면 심박수가 빨라져서 잠이 잘 안 오는 경우가 많아. 이른 시간에 운동하는 것이 수면에 도움이 돼.

✦ **과식**: 음식을 너무 많이 먹으면 누워 있기도 힘들고 속이 울렁거리거나 소화가 안 돼서 자주 잠에서 깰 수 있어. 자는 동안 소화기관은 움직이는 속도를 늦추기 때문에 음식도 쉽게 소화되지 못하고 위장에 머물러 있지.

✦ **허기**: 배고픈 느낌은 불편해. 잘 자기 위해서는 몸이 최대한 편안해야 하지.

✦ **술**: 많은 사람이 술을 마시면 잠이 잘 오리라고 생각하지만 사실은 그렇지 않은 경우가 많아. 술을 마시고 곯아떨어지는 사람도 있지만 몇 시간 뒤에 아주 끔찍한 기분으로 깨어날 수도 있어.

✦ **수면 루틴이 없어서**: 수면을 유도하는 호르몬인 멜라토닌은

주로 어둠에 반응하지만 적절하게 스위치를 켜고 끄도록 돕는 것들이 있는데, 루틴도 그중 한 가지야. 만약 잠자리에 드는 시간이 항상 다르고 잠자리에 들기 전 매번 다른 일을 한다면 뇌가 혼란스러워서 잠들기 힘들어.

잘 자는 법

무엇이 수면을 방해하는지 알았으니 더 잘 자는 방법에 대한 단서를 얻었어. 잠들기 한두 시간 전이 중요해. 수면을 방해하는 것은 피하고 도움이 되는 행동을 하는 거야.

먼저 모두에게 적용할 수 있는 절대적인 방법은 없다는 사실을 기억하자. 마음을 열고 하나하나 시도하면서 자신에게 잘 맞는 것이 무엇인지 찾아보자.

수면 루틴은 잠자기 1시간 반 전쯤 시작하는 것이 좋아.

✦ **실내에서 빛 없애기**: 블라인드나 커튼을 쳐서 외부의 빛을 차단해.

✦ **전자 기기(휴대폰, 태블릿, 컴퓨터, TV 등)의 화면 끄기**: 화면에서 뿜어져 나오는 빛 때문이기도 하고 각성 효과를 없애기 위해서이기도 해.

✦ **카페인 음료나 에너지 음료, 매운 음식을 먹지 않고 과식하지 않기**

✦ **배가 고프면 간단하게 먹기**: 따뜻한 우유와 비스킷, 샌드위치 등이 좋아.

✦ **준비하기**: 다음 날을 위해 모든 것을 준비해 두자. 그러면 불안 요소가 사라져서 마음이 편안해져.

✦ **목욕이나 샤워하기**: 너무 뜨거운 물은 피하자.

✦ **편안한 차림 하기**: 머리를 빗고, 헐렁한 옷을 입고, 이불을 펴자. 춥다면 따뜻한 침구와 따뜻한 물을 담은 팩을 준비해.

✦ **마음을 편안하게 가라앉히기**: 가벼운 스트레칭이나 요가를 하거나 천천히 호흡해. ('복식 호흡' 또는 '이완 운동'을 검색해서 따라해 봐.)

✦ **걱정거리 없애기**: 고민이 있다면 종이에 적은 다음 잘 접어서 침대에서 멀리 떨어진 곳에 놓아 둬. 지금 당장 해결할 수 없으면 내일로 미루어 두는 편이 좋아. 그러고 나서 행복 회로를 돌리자. 꿈에 그리던 휴일, 백만 원이 생긴다면 무엇을 할지, 꼭 해 보고 싶은 모험에 관해 생각하는 거야.

잠자리 루틴 만들기

뇌는 규칙적인 일을 좋아해. 비슷한 시간에 같은 행동을 같은 순서로 반복하는 일을 '루틴'이라고 불러. 만약 잠자리에 들기 전에 매일 같은 루틴을 반복하면, 뇌는 잠잘 때라고 인식하고 그때 필요한 멜라토닌을 분비할 가능성이 커져.

자신에게 맞는 루틴을 만드는 것이 가장 중요해. 예시를 보여 줄게. 5~10일 정도 매일 밤 같은 순서로 시도해 봐.

1. 빛 차단하기: 커튼을 치고 전자 기기의 화면을 끈다.
2. 하던 일을 정리하고 다음 날 아침에 필요한 것들을 준비해 둔다.
3. 목욕이나 샤워를 하고 잠옷으로 갈아입는다.
4. 편안하고 조용한 음악을 튼다.
5. 5분 정도 심호흡과 스트레칭을 한다.

TV는 수면에 도움이 될까?

이론상, 잠자리에서 TV를 시청하는 것은 별로 좋은 생각이 아니야. 화면이 밝고 소리가 시끄러워서 계속 깨어 있을 가능성이 커. 하지만 큰 걱정거리가 있거나 매우 불안하다면 자기 전에 긴장을 푸는

용도로는 유용할 수도 있어.

TV를 켜둔 채로 잠들면 소리와 빛 때문에 금방 다시 깰 가능성이 높다는 점이 문제야. 고민이 많을 때 잠시 TV를 보는 것은 괜찮지만, TV를 침실에 두어서는 안 되고 TV를 켜둔 채로 잠들지 않도록 주의하자.

잠은 얼마나 자야 할까?

사람에 따라 다르지만 평균적으로 20세 이상의 성인은 하루에 7~8시간, 12세에서 20세의 청소년은 9시간 이상 자야 해. 며칠 밤을 연속해서 훨씬 적게 또는 훨씬 많이 자면 기분이 썩 좋지 않을 거야. 앞에서 언급한 여러 부정적인 경험을 할 수도 있어.

주말에 약간 늦잠을 자서 부족한 잠을 보충해도 좋겠지만 너무 오래 자거나 이불 속에만 계속 누워 있거나 두 가지를 한꺼번에 하면서 주말 아침을 보내는 건 좋지 않아. 그러면 수면 패턴이 흐트러지거든. 잠을 더 많이 자려면 조금 일찍 자고 조금 늦게 일어나는 방법이 좋아.

만약 몸이 좋지 않다면 수면이 회복을 도울 수 있어. 하지만 하루나 이틀 이상 잠만 잔다면 수면 패턴이 흐트러지겠지. 그러니 아플 때도 취침 시간과 일어나는 시간을 규칙적으로 유지하는 것이 좋아.

수면은 몸과 마음의 건강을 유지하는 데 매우 중요해. 잠은 우리 몸의 세포를 재생하고, 적절히 성장하게 하고, 뇌 속 노폐물을 청소하고, 모든 것이 잘 작동하도록 돕는 역할을 해. 식욕, 체중, 피부, 성장, 집중, 학습, 기분, 질병과 싸우는 능력에도 영향을 미치지. 잠을 충분히 자면 활기가 생기고 기분도 좋아져.

잠이 들지 않을 때의 기분이 어떤지 알 만한 사람은 다 알 거야. 깊이 자는 데 도움이 될 만한 방법은 꽤 많아. 책에서 제안하는 전략을 따르되 가끔 불면의 밤을 보내더라도 너무 걱정하지는 말자. 앞으로 무엇을 할지 생각하면서 멋진 계획을 세워 보는 것도 좋겠지!

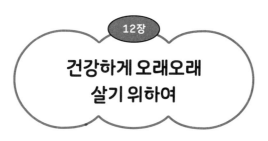

건강하게 오래오래 살기 위하여

음식, 운동, 수면은 우리 몸을 튼튼하고 건강하며 최선의 삶을 누리도록 준비시켜 주는 세 가지 요소야. 여기에 더해 네가 어떤 모습인지, 어떤 기분인지, 네 모습에 대해 어떻게 느끼는지에 영향을 주는 여러 가지 요소들이 있어. 모두 신체 이미지와 충만한 삶을 살아갈 능력을 키우기 위해 매우 중요해.

나는 의사도, 의학 전문가도 아니야. 이번 장에서 소개할 조언은 모두 일반적인 것들이고 어떤 의학적 소견도 대신하지 못한다는 점을 기억해 줘. 걱정되는 부분이 있다면, 의사를 찾아야 해.

스트레스 관리

　다리가 넷 달린 탁자의 네 번째 다리 기억나? 바로 '휴식'이었어. 휴식은 스트레스 조절에 정말 중요한 부분이야. 시험, 오디션, 발표, 달리기 대회, 시합처럼 최고의 성적을 내야 할 때 받는 스트레스는 꼭 필요하고 유익한 면이 많아. 하지만 지나치게 자주 스트레스를 받거나 불안감을 느끼면 코르티솔이라는 화학 물질이 혈액 속에 축적돼. 코르티솔 농도가 증가하면 몸과 뇌에 부정적인 영향을 미쳐.

　스트레스에는 다양한 원인이 있고 사람마다 느끼는 방식도 달라. 일반적으로는 힘든 상황이나 위협에 직면하거나 어떤 일을 수행하거나 반응해야 할 때 몸이 스트레스 반응을 일으켜. 무대에 올라야 하거나, 시험을 쳐야 하거나, 나쁜 소식을 듣거나, 사랑하는 사람에 대한 큰 걱정거리가 생기는 등의 명백한 상황에서부터 답하기 어려운 질문을 받거나, 숙제를 착각했거나, 갑자기 걱정스러운 생각이 떠오르는 등 모호하게 느껴지는 상황에 이르기까지 스트레스를 일으키는 자극은 매우 다양해.

　'스트레스 받는' 상황은 생각이든 감정이든 사건이든 모두가 몸속에서 아드레날린과 코르티솔 분출을 자극해서 스트레스나 불안과 관련된 감정들을 만들어 내. 초조함, 긴장감, 울렁증, 메스꺼움, 식욕 감소, 오줌이 마려운 느낌 등 느긋함과는 정반대의 감정이지.

스트레스는 몸과 어떤 연관이 있을까?

우리는 스트레스가 마음속에만 존재한다고 생각하는데 실제로는 여러 가지 다양한 방식으로 몸에 큰 영향을 끼쳐.

스트레스로 고통을 받을 때 사람들은 건강해 보이지 않는 경우가 많아. 안색이 창백하거나 피부가 건조해지고 잿빛을 띠기도 해. 얼굴을 찡그리고 얼굴과 목 근육을 잔뜩 긴장시켜 목, 어깨, 등 근육에 통증을 느끼기도 해.

두통과 복통은 반복되는 스트레스를 받을 때 흔히 나타나는 신체 증상이야. 속이 울렁거리거나 어지러울 수도 있고 숨쉬기가 어려울 수도 있어. 실수하고, 자꾸 잊어버리고, 주변 사람들에게 예민하게 굴기도 해. 사람에 따라 극심한 공포를 느끼거나 공황 발작을 일으키는 경우도 있어.

부정적인 스트레스는 면역 체계에도 영향을 미쳐서 유행성 질병에 걸릴 가능성도 높아.

스트레스를 받을 때는 어떻게 하면 좋을까?

삶에서 스트레스를 완전히 없애는 것은 좋지 않아. (물론 스트레스를 완전히 없애는 게 쉬운 일은 아니야.) 스트레스는 어느 정도 필요하거든. 스트레스를 잘 파악해서 제대로 다루면 해롭지 않아. 스트레스를 다루는 핵심 전략은 매일 충분히 쉴 기회를 만드는 데 있어. 사소해도 좋고 시간과 공을 들이는 방향도 괜찮아. 바쁠 때가 많겠지만 호흡법을 실천하거나 햇볕 아래 눈을 감고 잠시 앉아 있거나 머리부터 발끝까지 근육을 이완하는 데 몇 분 정도도 할애하지 못할 만큼 바쁘지는 않을 거야. 쉬는 일은 어려운 게 아니야. 너무 바쁘다고 느낀다면 그때야말로 쉼이 필요한 시간이야. 지금부터 휴식에 도움이 될 만한 아이디어를 몇 가지 소개할게.

 나다운 몸을 위하여

마음이 편안해지는 활동을 쭉 적어 두고 매일 한 가지 이상 실천하는 거야. 이때 그 일을 할 때 얻게 될 놀라운 효과에 집중해야해. 그렇게 생각하면 효과가 더 좋아. 내가 소개하는 방법 중에서 마음을 편안하게 하는 데 도움이 될 만한 활동을 골라 봐도 좋아.

10분간 스트레스를 날려 버릴 활동

✦ 반려동물 쓰다듬기

✦ 집 주변 산책하기

✦ 눈을 감고 햇볕 아래 앉아 있기

✦ 심호흡을 하면서 이완 운동하기

- ✦ 눈을 감고 100에서부터 거꾸로 숫자 세기
- ✦ 좋아하는 음악에 맞춰 춤추기
- ✦ 질감과 맛을 음미하면서 사과나 바나나 같은 과일 먹기
- ✦ 얼음, 레몬이나 라임 혹은 오렌지 한 조각, 민트 잎 몇 개, 오이 조각을 넣은 시원한 물 한 잔 마시기

시간을 들여야 하는 활동

- ✦ 그림 그리기나 공예 같은 취미 활동하기
- ✦ 달리기나 걷기 같은 신체 활동 하기
- ✦ 쇼핑하기
- ✦ 친구를 만나서 아이스크림이나 피자를 먹거나 차 마시기
- ✦ 불멍, 물멍 하기
- ✦ 시 쓰기
- ✦ 케이크나 과자를 굽거나 좋아하는 음식 만들기
- ✦ 오랫동안 목욕하기
- ✦ 눈을 감고 음악 듣기
- ✦ 영화관, 미술관, 박물관, 콘서트에 가기
- ✦ 가까운 관광지나 한 번도 가 본 적 없는 장소에 가 보기
- ✦ 버스를 타고 종점까지 갔다가 돌아오기

나의 스트레스에 알맞은 해소법 고르기

스트레스는 두 가지로 나눠서 생각해 볼 수 있어. 일반적인 긴장, 초조, 경계심을 느끼는 경우와 큰 걱정에 사로잡힌 경우야. 이 두 상황은 각각 다른 접근법이 필요해. 첫 번째 상황에서는 몸을 쓰는 활동들을 하면 도움이 돼. 목욕, 걷기나 달리기, 음악 듣기, 햇볕 쬐기 같은 활동은 심박수를 낮춰서 마음을 진정시키는 효과가 있어.

큰 걱정거리 때문에 문제를 겪는 상황이라면 어떤 활동도 도움이 되지 않을 거야. 그럴 때는 마음을 많이 쓰는 편이 좋아. 신나는 영화 보기, 흥미진진한 책 읽기, 스포츠를 관람하거나 직접 하기, 컴퓨터 게임 하기, 퍼즐 맞추기 등 집중력이 필요한 활동들을 해 보는 거야. 몰입과 집중은 걱정거리를 잊게 해 줘.

♥ 나다운 몸을 위하여

바른 자세로 걸어 봐. 스트레스를 받거나 기분이 좋지 않을 때 우리는 구부정한 자세로 터덜터덜 걸어. 그러면 기분이 더 안 좋아져. 그럴 때일수록 허리를 쭉 펴고 배에 힘을 꽉 주고 걸어 봐. 턱을 들고 목을 길게 뻗는 거야. 심호흡하고 꼿꼿하게 서 봐.

질병을 피하는 법

유행하는 질병을 피할 수 있는 사람은 없어. 학교에 다닌다는 사실 자체가 여러 질병에 노출되었다는 뜻이기도 해. 아플 때마다 기분은 엉망이 되고 여러 즐거운 경험을 놓칠 수도 있어. 질병을 피하는 데 도움되는 방법을 몇 가지 알려 줄게.

✦ **먹고, 운동하고, 자고, 쉬기**: 일상의 탁자를 받치는 네 개의 다리가 면역 체계를 강하게 유지하도록 도와줄 거야.

✦ **증상을 가능한 한 빨리 치료하기**: 독감과 장염에 걸리면 병의 진행을 멈추기보다 열과 통증을 가라앉히면서 수분을 섭취하고 쉬는 방법이 최선이야.

대부분의 질환은 푹 쉬면 좋아지는데, 그럴 때 격렬한 운동은 피해야 해. 신뢰할 수 있는 건강 웹사이트에서 질환의 증상에 따른 대처법을 알아보고, 걱정되는 부분이 있거나 고열이 나거나 발진이나 목이 아프고 눈이 침침한 증상과 함께 심한 두통이 있다면 반드시 의사에게 진료를 받아야 해.

✦ **세균이 어떻게 옮는지 이해하기**: 일반적으로, 무언가를 만질 때에 손에 닿은 세균이 입이나 코를 통해 들어오거나 음식과 함께 몸 안으로 들어와. 일부 세균은 기침이나 재채기로 분출되어서 공기 중에 머물기도 하지. 누군가가 재채기를 하면서

휴지나 소매로 입을 잘 가리지 않았다면 주변 사람이 공기와 함께 세균을 들이마실 수도 있어.

감기 증상이 있거나 기침을 하거나 장염이 걸렸다면 반드시 조심해야 해. 재채기하거나 기침하거나 구토하는 사람과는 거리를 두는 것이 현명해.

'면역 체계가 손상된' 사람들은 감염으로 인한 심각한 질병에 걸릴 가능성이 커. 이를테면 항암 치료를 받는 경우가 그래. 아는 사람 중에 이런 경우가 있다면 네가 감염병의 증상이 있을 때 절대 가까이 가서는 안 돼.

✦ **자주 손 씻기**: 반드시 손을 씻어야 할 때가 있어. 식사 전, 화장실에 다녀온 뒤, 전염병 환자와 함께 있을 때가 그런 경우야. 여러 사람의 손이 닿은 물건, 예를 들어 손잡이, 공공장소의 스위치나 잠금장치 등을 만졌을 때도 손을 씻어야 해. (유의할 점이 있어. 외과 의사처럼 꼼꼼히 씻어야 한다고 생각하거나 특정한 규칙에 따라 씻어야 한다고 느낀다면 강박적 사고일 가능성이 있어. 그런 불안감이 있다면 도움을 구해야 해.)

✦ **맑은 공기 마시기**: 세균은 사람들이 많고 공기가 통하지 않는 따뜻한 곳에서 번식해. 창문을 열거나 탁 트인 야외에서 시간을 보내면 이런 위험이 줄어들어.

나다운 몸을 위하여

몸에 대한 관심을 아낌없이 표현해 봐. 따뜻한 물에 발을 담그거
나, 뜨거운 물로 오랫동안 목욕하거나, 향이 좋은 로션을 바르거
나, 머리 모양을 바꾸거나, 새로운 제품을 사용하는 등 자신에게
정성을 들이는 거야.

치아

치아는 몸에서 아주 작은 부분을 차지하지만, 외모에서 매우 중
요한 역할을 해. 치아가 가지런하지 않거나 모양이 이상하거나 색이
변하면 자신감이 떨어지고 웃고 싶지 않을 거야. 잘 웃지 않는 사람
들은 덜 친절해 보이기도 하고 다가가기 힘든 느낌을 줘.

그러면 멋진 미소를 지을 방법은 과연 무엇일까?

이를 제대로 닦고 단 음식을 너무 많이 먹지 않아야 한다는 건 너
도 잘 알 거야. 전문가들이 말하는 팁들을 이야기해 줄게.

✦ 치과 의사들은 양치질을 너무 자주 하면 치아를 보호하는 법
랑질 표면이 닳을 수 있기 때문에 하루에 양치질을 두세 번 이
상은 하지 말라고 권고해. 또, 칫솔질을 너무 세게 해서는 안
돼. 좌우로 세게 문지르기보다 둥글게 원을 그리는 방식으로

살살 닦는 게 좋아. 전동 칫솔을 사용하면 도움이 되기도 해. 양치질은 하루에 두 번은 반드시 해야 해.

✦ 의사나 치과 의사의 권고가 없다면 불소치약을 사용하는 게 좋아. 충치 예방에 도움이 돼.

✦ 단 음식을 즐겨 먹는다면 식사 직후에 반드시 이를 닦아.

✦ 콜라 같은 탄산음료는 치아에 좋지 않아. 음료에 든 산성 성분이 치아의 법랑질을 부식시키기도 하고, 그런 음료는 당 함량이 높아서 박테리아의 양분이 돼.

✦ 과일 주스도 산성이고 당도가 높아. 과일 주스를 먹고 나서도 이를 닦는 게 좋아.

치실은 어떨까?

치과 의사들은 치실이나 치간 칫솔이 치아 관리에 매우 유용하다고 이야기하고 사용하기를 추천해. 치실과 치간 칫솔은 치아 사이에 낀 음식물을 거의 완벽하게 제거하는 유일한 방법이야.

구강 청결제는 어떨까?

구강 청결제는 일반 칫솔이 닿지 않는 부분을 깨끗하게 해 줘. 전문가 중에서는 몇몇 제품에 포함된 성분 때문에 반대하는 사람들도 있어. 구강 청결제로 칫솔질을 대체하지 않는 한 하루에 한 번 정도 사용하는 것은 괜찮다고 해.

치아 미백은 어떨까?

치아는 시간이 지날수록 흰빛이 바래지는데 차나 커피나 레드 와인을 많이 마시거나 짙은 색의 베리류나 카레처럼 착색이 되는 음식을 먹거나 담배를 피울 경우에 특히 더해. 희고 빛나는 치아가 자연스러운 모습은 아니지만 최근 많은 사람이 관련 시술을 받고 있어. 특히 젊은 층이 하얀 치아를 선호해. 많은 사람이 그런 이유로 미백 기능이 있는 치약을 선택하지.

그렇다면 미백 치약은 효과가 있을까? 치과 의사들은 치약에는 '표면적'인 미백 기능만 있다고 설명해. 즉, 섭취한 음식 때문에 치아 표면에 생긴 얼룩을 제거하는 기능만 한다는 뜻이지. 노르스름하게 색이 변하는 부분은 치약이 닿지 않는 치아 표면 아래층에 있어. 양치질만 제대로 하면 어떤 치약을 사용하는지와 상관없이 표면의 얼룩은 제거할 수 있지. SNS에 도배되는 미백 치약 광고에 현혹되지 말길.

치아 착색이나 변색에 대해 걱정되는 부분이 있다면, 가령 치아 한 개만 색이 어둡다면 치과에 가서 의사의 진료를 받아 봐. 치아 색이 나는 물질을 덧대는 래미네이트같이 치과 의사가 도움을 줄 수 있는 방법이 여러 가지 있어.

> 제 아들이 십 대였을 때 치아 때문에 다른 사람을 의식한 나머지 웃을 수도 없었다고 하더라고요. 몇 년 동안 그 사실을 몰랐는데 아들에게 그 이야기를 듣고서 너무 슬펐어요. 아이는 치아교정을 하고 있었는데, 교정기를 제거하자 다시 웃기 시작했어요.
>
> 레베카, 45세

껌은 어떨까?

껌은, 설탕이 들지 않았다면 입안과 치아를 건강하게 유지하도록 도와줘. 껌을 씹으면 입안에 침이 돌아서 막 섭취한 음식이나 음료에 들어 있는 산 성분을 중화해 주고 치아 사이에 끼거나 입안에 남은 음식 찌꺼기를 제거해 줘.

인공 감미료의 일종인 자일리톨은 충치를 유발하는 특정 박테리아를 줄이는 데 효과적이라는 연구가 있어. 그러니 무설탕 껌 중에서 자일리톨이 든 것을 선택하는 것도 좋아.

치과 의사들은 껌 씹기가 양치질을 대신하지는 못한다고 강조해. 자일리톨 성분은 양치질한 뒤에 사용하는 것이 도움이 된다고 해. 턱관절에 통증이 있다면 껌을 씹지 말고 치과 진료를 먼저 받는 게 좋아.

치아 교정은 어떨까?

치아 교정은 십 대 때 하는 경우가 많아. 유쾌하지는 않지만 그 결과에는 대부분의 사람이 만족해. 십 대들은 교정기를 착용한 외모를 신경 쓰지 않는 경우가 많아. 아마도 굉장히 흔하기 때문이겠지. 치아 교정은 쉽지 않은 과정이야. 교정기를 조일 때마다 통증을 견뎌야 하고 음식을 먹는 일도 쉽지 않을뿐더러 썩 매력적인 모습도 아니니까. 하지만 교정 과정은 안전해. 새로운 기술일수록 통증에 대한 부담도 덜하고 눈에도 덜 띄어. 알록달록 재미난 모양의 보철물을 선택할 수도 있지. 사는 지역에 따라 비용도 천차만별이야. 의학적이거나 기능상의 이유로 교정을 하는 것이 아니라 단순히 심미적인 이유라면 더 비쌀 거야. 다양한 정보들을 잘 찾아보고 직접 상담을 받고 결정하는 게 좋아.

피부

피부를 건강하게 유지하기 위해서는 다양한 영양소를 갖춘 음식, 물, 신선한 공기가 필요해. 그리고 잘 씻어야 하는데, 피부에서 자연적으로 생성되는 기름기까지 몽땅 씻어 낼 필요는 없어. 피부에 기름기가 많이 도는 사람도 있고 건조한 사람도 있는데, 그런 차이는 얼굴 피부에서 두드러져. 복합성 피부인 사람은 이마부터 코와 턱으로 이어지는 T 모양의 부위에는 기름이 돌고 다른 부위는 건조하기도 해. 지성 피부는 각질이 덜 일어나고 나이가 들면 오히려 젊어 보이기도 해. 하지만 지성 피부는 여드름과 뾰루지가 잘 생겨. 젊은 시절에 특히 그래.

여드름

내가 어렸을 때는 여드름이 나는 원인이 제대로 알려지지 않았어. 초콜릿이나 기름기 많은 음식을 먹어서 생긴다거나 잘 씻지 않거나 스트레스 때문이라는 말들을 했지. 지금도 모든 원인이 밝혀지지는 않았지만 이전보다는 더 잘 알게 되었어.

여드름의 주요 원인은 안드로겐이라는 호르몬인데, 대개 사춘기 동안 증가해. 안드로겐 수치가 높으면 피부 아래의 피지 분비샘이 피지를 더욱 많이 만들어 내. 모공이 피지로 가득 차면 근처 세포가 파괴되어서 박테리아가 침입하기 쉬운 상태가 돼. 박테리아가 아주 작은 감염을 일으키면 여드름이나 뾰루지가 생기지. 이런 뾰루지는 여러 곳에 생기는데 얼굴뿐만이 아니라 등에 나기도 하고 드물게 다른 곳에도 날 수 있어. 염증이 생기는 일도 흔한데 그러면 주변이 빨갛게 변해. 여드름 치료의 목표는 염증을 줄이는 데 있어.

여드름이 매우 심한 사람들도 있고 가끔 한두 개가 올라오다가 마는 사람들도 있어. 이런 차이는 유전적인 요인도 있고 피지 분비의 양 때문이기도 해. 또 호르몬의 양과 몸이 호르몬에 어떻게 반응하는지에 따라서 달라지기도 해. 피부에 존재하는 '유익한 박테리아'와 연관이 있다는 사실을 보여 주는 연구도 있어.

음식이 영향을 미치기도 할까?

그럴지도 몰라. 하지만 연구로 확실히 밝혀진 바는 없어. 음식의 메카니즘이 상당히 복잡하다는 점이 문제야. 각 음식에는 여러 가지 성분이 포함되어 있는데 사람의 몸은 제각각이지. 호르몬의 양도, 화학적 처리 과정도 다 달라. 게다가 우리는 셀 수 없이 다양한 음식을 먹기 때문에 어떤 음식이 어떤 효과를 나타내는지 알아내는 일은 거의 불가능해.

하지만 최근의 연구들에서는 일부 사람들에게 여드름을 악화시키는 음식으로 정제된 설탕(과일에 함유된 천연 당분이 아닌 가공 처리된 당분), 우유, 지방 함량이 높은 패스트푸드, 초콜릿, 유청 단백질을 꼽았어.

특정한 음식을 먹은 뒤 여드름이 심해진다는 생각이 든다면 식단에서 어떤 음식을 빼면 좋을지 의사와 상담하며 조언을 구해 봐. 의심이 가는 음식이 피하기 쉬운 것이라면 2주 동안 먹지 않으면서 매일 어떤 변화가 나타나는지 기록해 봐. (의학적인 조언 없이 음식을 철저하게 제한하지 않도록 해. 자칫 필수 영양소를 섭취하지 못할 수도 있어.)

어떤 음식은 도움이 되기도 해. 이를테면 우유, 달걀, 지방이 많은 생선류, 영양성분을 강화한 시리얼, 초록 잎 채소, 통곡물, 녹차, 강황처럼 비타민 A, D, E와 아연이 풍부한 음식이지. 프로바이오틱스(요거트 속에 '살아 있는' 유산균을 가리켜)를 추천하는 사람들도 있어. 신선한 과일과 채소, 올리브, 아보카도에 함유된 지방과 고등어 같은 기름기가 많은 생선도 충분히 섭취하면 좋다고 해. 사실 식단을 통해 여드름을 가라앉히려 한다면 신선한 과일과 채소가 풍부한 식단이 가장 도움이 될 거야.

여드름이 났을 때 유용한 방법 한 가지는 일기를 쓰는 거야. 여드름이 심해졌거나 나아진 날을 기록하는 거지. 그날, 무얼 먹고 무슨 일을 했는지도 적어 봐. 그럼 식생활 패턴을 파악하기 좋고 여드름에 좋지 않은 습관을 바꾸는 데도 도움이 돼.

화장

여드름을 가리기 위해 화장을 하고 싶을 수도 있어. 꼭 해야 한다면 여드름성 피부를 위해 만든 제품을 사용하는 게 좋아. 그런 제품은 유분이 거의 없고 모공을 막지 않는 (즉, 여드름을 유발하지 않는) 성분으로 만들어졌어. 제품에 따라 항염증 성분이 들어 있는 경우도 있어. 얼굴 전체에 바르기 전에 손목 안쪽에 먼저 발라서 피부에 맞는지 확인해 봐.

여드름이 심하면 스트레스를 받기도 해. 여드름 때문에 불안감을 느끼거나 우울증을 겪을 수도 있어. 여드름이 심해지기 전에 초기 단계에 조언과 도움을 받아야 해. 피부과를 찾아가 진료를 받고 적절한 치료를 시작하는 게 좋아.

피부 청결

피부를 청결하게 유지하는 일은 누구에게나 유익해. 하지만 세안을 너무 자주 하면 피부를 건강하게 유지하도록 도와주는 천연 피지와 유익한 박테리아까지 씻겨 나가니 주의해야 해. 그리고 꼭 비싼 제품을 살 필요는 없어. 자기 피부에 맞는 클렌징 제품을 직접 만들어 쓰는 방법도 있어! '핸드메이드 세안제'라는 문구로 검색해 봤더니 몇몇 채널이 떴는데, 그곳에서 사람들이 레시피를 공유하더라고. 재료 중에서 이상하거나 위험한 물질은 보이지 않았는데, 혹시라도 의심이 된다면 그 분야에 관심이 있는 어른에게 물어봐도 좋아! 레몬즙처럼 엄청나게 건강한 느낌이 드는 재료라도 예민한 피부에는 강한 자극이 될 수 있어.

피부는 예상치 못한 반응을 보이는 일이 있어. 새로운 제품을 사용하기 전에 손목 안쪽에 살짝 바른 다음 30분 동안 두고 반응을 봐. 빨갛게 변한다면 얼굴에 바르지 말아야 해.

자외선 차단

피부 관리에 가장 중요한 한 가지는 바로 햇빛과 바람으로부터 피부를 보호하는 거야. 만약 피부색이 옅다면 특히 신경 써야 해. 여름철과 햇볕이 내리쬐는 날 밖에 나갈 때는 꼭 선크림을 바르자. 피부색에 상관없이 누구나 해로운 자외선을 차단해서 피부를 보호해야 하는데, 피부색이 옅을수록 자외선에 약해. SPF가 최소 30 이상인 보습 겸용 선크림을 바르는 게 좋아.

얼굴 이외의 피부

나머지 신체에도 관심을 기울여야 해! 피부는 신체에서 가장 큰 면적을 차지하는데 손상되고 나면 비로소 얼마나 중요한지 알게 돼. 다행히 피부를 돌보는 일은 쉬운 편이야. 접히고 주름지고 갈라진 곳을 깨끗하게 닦고 지나치게 건조해지지 않도록 관리해야 해. (물을 충분히 마시고, 가끔 부드럽게 각질을 제거하고, 필요할 경우 또는 피부가 건조하고 당긴다는 느낌이 들 때 보습 제품을 발라 수분을 공급하면 좋아.) 발진이 나거나 멍이 들거나 점이 커지거나 피가 난다면 의사를 찾아가야 해. 대부분은 별것 아니겠지만 확인해서 잘못될 일은 없지.

피부는 상태에 따라 여러 타입으로 나뉘는데, 대부분은 크림이나 의사가 처방해 주는 약으로 간단히 치료할 수 있어. 대부분은 초기에 치료하면 좋은 결과를 얻을 수 있으니 꼭 의사에게 진료를 받도록 하자. 조기에 치료받아야 하는 심각한 질환의 증상일 가능성도 드물게 있어.

절대 간과해서는 안 될 증상 두 가지는 다음과 같아.

✦ 점이나 그와 비슷한 자국이 돋아서 계속 커지거나 모양이 변

하거나 피가 나는 경우: 대부분은 별문제가 아니지만 가끔은 (성인의 경우에는 더 자주) 심각한 문제의 초기 증상일 수 있어. 응급 상황은 아니지만 바로 의사를 찾아가는 것이 좋아.

✦ 발진이 생겼는데, 몸이 쑤시거나 열이 나거나 독감에 걸렸을 때처럼 근육통이 있거나 목이 아프거나 두통이 있는 경우: 이 경우는 미루지 말고 서둘러 병원에 가야 해.

제가 젊었을 때는 미용 시술 같은 것은 아예 받을 수가 없었어요. 그런 기술이 없었거든요. '여기랑 저기를 고치면 얼마나 더 행복할까' 같은 마음의 소리도 없었지요. 유혹거리가 없었고, 여기랑 저기가 완벽하면 좋겠다고 생각해 봐야 아무런 의미가 없었어요. 물론 심각한 문제가 있는 부분은 의학적 도움을 통해 해결 가능해졌다는 점은 좋지만, 저는 외모에서 완벽을 추구하는 일이 건강하다고 생각하지 않아요. 끊임없이 불만을 낳을 뿐이죠. 캐롤라인, 59세

습진(피부염)

신체 어느 곳에서나 습진 증상이 나타날 수 있는데 굉장히 가렵고 보기에도 썩 좋지 않아. 너무 긁으면 피부가 상해서 감염될 위험도 있어. 어른보다 어린이와 청소년에게 흔하게 발생하지만 누구나

얻을 수 있는 질병이야.

한두 곳에서 계속 반복되거나 넓은 부분에 걸쳐 발생할 수 있어. 습진이 생기면 피부가 건조해지는데, 빨갛게 변하거나 갈라지고 염증이 생기기도 해. 따라서 환부가 건조해지지 않도록 주의를 기울여야 해. 또 특정 화학물질과 습진을 일으키는 성분을 피해야 하는데, 이는 사람마다 달라. 비누를 비롯해 많은 세정제는 피부를 건조하게 만드는 경향이 있기 때문에 그런 제품을 대신할 '피부 연화제'를 처방받거나 직접 구입해서 사용해도 좋겠지만 비누와 세정제를 사용하지 않기란 매우 어려운 일이야.

습진이 있다면 의사에게서 '아토피'라는 말을 들어 봤을 거야. 아토피가 있는 사람의 면역 체계는 환경이나 음식 등 여러 요인에 특히 민감하게 반응해. 사람마다 아토피의 원인과 치료 방법이 조금씩 다르기 때문에 의사의 진료를 받는 게 좋아.

의사를 만나 진료 받는 방법뿐만 아니라 온라인으로도 정보를 얻을 수 있으니까 잘 검색해 보길. (국가에서 운영하는 질병관리청이나 서울특별시 아토피천식 교육정보센터, 대한아토피협회 사이트에 방문해 봐.)

머리카락 관리

피부와 마찬가지로 머리카락을 건강하게 유지하려면 좋은 음식과 관리가 필요해. 머리카락이 상해서 끊어지는 경험을 해 봤을지도 모르겠다. 사실 모근의 생명력은 매우 좋아서 머리카락은 신체에서 가장 빨리 자라는 조직이야. 머리카락의 특징은 사람마다 다른데 대개 부모로부터 물려받아.

> 제 머리카락은 관리하기가 꽤 까다로워서 시간과 돈을 많이 들여야 해요. 멋진 스타일을 위해서가 아니라 건강을 위해서요.
>
> 데이지, 14세

십 대들의 머리카락 건강을 좌우하는 요인은 다음과 같아.

✦ **건강 상태**: 머리카락은 질병에 영향을 받아. 건강 상태를 보여주는 바로미터이기도 하지.

✦ **식습관**: 특정한 영양소가 없으면 머리카락은 윤기를 잃고 축 늘어지거나 많이 빠지기도 해. 다이어트를 하느라 음식을 제한하면 머릿결이 나빠져. 머리카락에 좋은 음식은 연어처럼 지방이 많은 생선과 짙은 초록색 채소와 견과류(특히 셀레늄 함량이 높은 브라질너트)와 닭고기, 콩 같은 단백질 식품과 달걀, 유제품 등이 있어. 꼭 특별한 음식을 먹을 필요는 없어. 평범하되 영양소가 골고루 든 식사를 하면 돼. 그렇게 먹고 있다면 보충제가 따로 필요 없어.

✦ **날씨나 수영**: 매우 추운 날씨에는 머리카락이 건조해지기 쉬

워. 그리고 수영을 자주 하면 머리카락이 거칠어질 수 있어. 이럴 때 모발에 영향을 공급하려면 영양 성분이 풍부한 컨디셔너를 사용하면 좋아. 헤어 오일을 바르는 것도 도움이 돼. 단, 자기 머리카락 타입을 고려해서 골라야 해.

✦ **잦은 스타일링**: 머리카락에 컬을 만들거나 곧게 펴기 위해 열을 가하거나 머리를 말릴 때 높은 열로 오래 드라이어 바람을 쐬면 머리카락이 건조해져. 지나치게 열을 가하면 머릿결이 손상되기도 하지. 이런 도구는 너무 자주 사용하면 좋지 않아.

✦ **제품의 과다 사용**: 스타일링 제품이 머리카락에 들러붙으면 머리카락이 끈적거리거나 무겁게 느껴질 수 있어. 제품을 사용한 뒤에는 머리를 깨끗이 감고 헹궈야 해.

인도에서 자라면서 저는 십 대 시절 내내 신체 이미지 때문에 문제를 겪었어요. 처음에는 너무 말라서 문제였어요. 별로 좋은 옷을 입지 못했는데 그래서 더 부끄러웠어요. 저는 제가 이상하게 생겼다고 생각했고, 또래나 친척들도 깡말랐다면서 저를 놀렸어요. 머리카락이 길었는데 어른들이 머리카락을 자르거나 염색을 하지도 못하게 했어요. 셀비, 23세

털 뽑기

강박적으로 털을 뽑는 행동은 1~2%의 사람들에게 나타나는 증상이고 여성에게 더 자주 나타난다고 추정돼. 발모광이라고 불리는 병으로 충동 조절 장애의 하나야. 발모광을 겪는 사람은 털을 뽑고 싶은 충동을 참지 못해. 발모광은 불안과 관련이 있는데, 불안감을 다루면서 긍정적인 대처 전략을 찾는 방식으로 치료해.

발모광을 이 책에 넣은 이유는 털을 뽑는 행동으로 외모가 달라지면 불안감과 부정적인 감정이 심해지기 때문이야. 반드시 의사에게 진단과 치료를 받아야 하는 질환이지. 스스로 유혹을 이겨 내려 애쓰는 것은 답이 될 수 없어. 그럴수록 충동이 강해지거든.

> 저는 헤어스타일이 너무 중요해요. 헤어스타일이 엉망인 날은 학교에 가기 싫기도 해요. 헤어스타일에 집중하느라 해야 할 일들을 못 하기도 하고요. 제시카, 17세

손톱과 발톱

손발톱은 전반적인 건강 상태에 영향을 받기 때문에 의사들은 손톱을 보고 비타민 부족이나 질병의 징후를 살피기도 해. 건강하고

보기 좋은 손발톱의 첫 번째 조건이 균형 잡힌 식사라는 점은 두말할 필요도 없지. 그래야 음식에서 얻은 영양분이 손발톱으로 갈 테니까. 손이 건조하면 보습제를 발라야 해. 큐티클(손톱 아래쪽과 양옆에 있는 살갗을 가리켜)은 너무 세게 잡아 뜯지 않도록 조심해. 보습을 잘 유지한다면 큐티클은 그냥 놔둬도 괜찮아.

손톱은 적당한 길이로 다듬는 게 좋아. 손톱이 너무 길면 쉽게 부러지고 여러 활동을 하는 데 방해가 될 수 있어!

발톱 관리에도 주의를 기울여야 해. 발톱을 자를 때는 양쪽 가장자리가 피부를 파고들지 않도록 직선으로 잘라야 해. 발톱은 곰팡이 감염을 조심해야 해. 손발톱이 두껍고 노랗게 변하면 곰팡이 감염을 의심해 볼 수 있어. 의사에게 먹는 약을 처방받거나 연고로 치료하면 돼. 발가락이나 손가락이 붉고 통증이 느껴진다면 다른 감염일 수 있어. 그런 상태가 지속되거나 심해지면 의사에게 진료를 받아야 해.

손톱 물어뜯기

손톱을 물어뜯는 버릇이 있다면, 고치기가 상당히 힘들 거야. 손톱을 물어뜯고 있는지 의식하지 못하는 경우가 많고, 손톱이 아니라 큐티클이나 손가락 가장자리를 물어뜯을 수도 있어. '교조증'이라는 병명도 있는 질환이기도 해.

이것은 강박장애의 일종으로 불안이나 기분장애와 관련이 있다고 알려져 있어. 보통은 걱정이 있거나 스트레스를 받을 때 손톱을 더 많이 물어뜯는데, 긍정적으로 보긴 어렵지만 일종의 스트레스 대처 방식으로 보여.

멈출 방법이 있을까?

손톱을 물어뜯는 사람에게 멈추라고 해도 효과가 없어. 오히려 남들이 안 보는 곳에서 더 심하게 물어뜯는 경우가 많아. 내 주변에도 이런 친구들이 있어. 충동적인 행동인데다 억누르기가 매우 힘들어. 뇌가 형성한 습관이기 때문이야.

고약한 맛이 나는 물질을 손가락에 바를 수도 있지만, 보통은 효과가 없어. 하지만 비싸지도 않고 효과가 있는 사람도 드물게 있다고 하니 한번 시도해 볼 만해. 장갑을 끼는 방법처럼 간단한 해결책이 습관을 고치는 데 도움이 되기도 해. 앞에서 말한 인지행동치료도 불안감을 줄여 줄 수 있어.

손톱 물어뜯기는 습관이기 때문에 다른 행동으로 '습관의 고리'를 끊는 방법이 가장 좋아. 손가락을 입에 대고 싶은 충동을 느낄 때마다 다른 행동을 하는 거야. 그 '다른 것'은 즐겁거나 보람 있는 행동이어야 해. 가장 좋은 것은 물을 두어 모금 마시는 거야. 매번 같은 행동을 해야 해. 그래야 새로운 습관이 만들어질 테니까.

물론 늘 물을 갖고 있을 수 없고 손톱을 물어뜯으려 한다는 사실을 의식하지 못할 수도 있어. 하지만 생각처럼 어렵지는 않아. 즉시 습관이 없어지기를 바라지만 않는다면 말이야. 핵심은 다른 긍정적인 행동으로 자신을 혼란스럽게 해야 한다는 데 있어.

벌을 주는 건 금물이야. 보상을 해. 잠깐 쉬어도 좋아. 좋은 향을 맡는 방법도 있지. 심호흡을 열 번 정도 해 봐. 창밖을 내다보는 것도 괜찮아.

가끔 자기도 모르게 손톱을 물어뜯는다 해도 걱정하지 마. 손톱을 물어뜯는 대신 다른 괜찮은 행동을 할 때마다 자신을 칭찬하기만 하면 돼.

개인 위생

매일 샤워하고, 머리를 감고, 손을 깨끗하게 씻고, 하루에 최소 두 번 이를 닦는 등 몸을 청결하게 유지하는 일은 자기 몸을 소중히 여기면서 잘 관리하고 있다는 사실을 보여 줘.

땀을 유난히 많이 흘리는 사람들이 있어. 땀이 지나치게 많은 증상을 다한증(땀과다증)이라고 불러. 겨드랑이, 손바닥, 발바닥과 사타구니 같은 기타 부위에서 땀이 집중적으로 나지. 보통은 의학적인 원인이 딱히 없는 경우가 많아서 이런 증상을 겪는 상황이 속상할 테지만, 임시로 혹은 영구적으로 치료할 방법들이 있고 그중에서는 꽤 잘 듣는 방법도 있으니 의사의 조언을 따르면 돼.

땀 때문에 다른 문제를 겪는 사람들도 있어. 바로 체취야. 누구에게나 어느 정도의 체취가 있지만 간혹 심한 사람들이 있어. 스스로 체취가 난다는 사실을 알고 있는 사람도 많은데, 그런 경우라면 자신감을 잃기 쉬워. 잘 씻고 땀 분비 억제제를 사용하는데도 땀이 계속 나기도 해.

땀을 많이 흘린다면 어떻게 해야 할까?

✦ 매일 아침 씻고, 가능하다면 학교에서 집에 돌아와서도 씻어. 살균 기능이 있는 비누를 사용해 봐. 냄새의 원인인 박테리아를 제거하는 데 효과가 있어. 씻고 난 뒤 물기를 잘 닦는 것도 중요해.

✦ 땀 분비 억제제를 발라. 땀 분비 억제제와 체취 제거제(데오드란트라고도 불러)는 각각 다른 제품이야. 땀 분비 억제제에는 땀 분비를 줄이는 화학 물질이 들어 있고 체취 제거제는 악취를 제거해 줘. 땀이 많아서 고민일 때는 땀 분비 억제제를 발라야 해. 땀 분비 억제제는 바르는 약과 먹는 약이 있는데 바르는 약은 약국에서 바로 살 수 있고, 먹는 약은 병원에서 처방을 받아야 해.

✦ 매일 깨끗한 옷으로 갈아입어. 당연히 속옷도!

다른 사람에 비해 땀을 많이 흘린다면 의사에게 진료를 받아 보는 게 가장 좋아. 땀이 많은 증상이 땀으로 인한 스트레스나 걱정 때문이라면 인지행동치료를 비롯한 특별한 해결책을 활용해 볼 수 있어.

안면 홍조

얼굴이 붉어질 때 어떤 느낌인지는 누구나 잘 알아. 사람들이 쳐다봐서 얼굴이 달아오르는데, 그 사실을 의식할수록 얼굴이 더 빨개져서 정말이지 당황스럽지. 대부분 이런 경험을 하지만 유독 자주 그러는 사람들이 있어. 의학적인 이유가 없는 경우가 많아. 순전히 타인의 시선을 의식한 반응이지. 잘못된 스트레스 반응인데, 잘못되었다고 말하는 까닭은 실제로 아무런 도움이 되지 않기 때문이야. (물론 해를 끼치지도 않아.)

이 문제는 어떻게 해결해야 할까? 제일 좋은 방법은 무시하는 것이지만 말처럼 쉽지는 않아. 얼굴을 붉히지 않겠다고 생각하면 할수록 얼굴이 더 붉어지거든. 만약 얼굴이 붉어지려는 조짐이 느껴진다면 그 생각이 머릿속으로 들어왔다 나가도록 해 보자. '아, 얼굴이 붉어지고 있구나. 됐어, 별것 아니야. 내 말을 듣는 사람의 얼굴에 집중하자'라는 식으로 말이야. 핵심은 '달아오르는 얼굴 생각을 절대 하지 말아야 해'라는 생각을 하지 않는 거야. 어떤 것에 대해 생각하지 말아야 한다고 생각하는 순간 그 생각이 머릿속을 가득 채우기 때문이야! 대신 너를 바라보는 사람의 얼굴이나 다른 것에 집중해 봐.

성형 수술

앞에서 눈에 띄는 차이에 관해 이야기했어. 사고로 큰 흉터를 입은 사람들, 질병이나 타고난 손상이 있는 경우 등등 여러 상황이 있지. 알다시피 흉터나 손상된 부분은 원한다면 수술로 개선할 방법이 있어. 앞에서 나는 자신의 현재 모습보다 훨씬 완벽한 모습이 되려고 하는 성형 수술에 반대 의견을 표했어. 즉, 두 가지 상황이 있는데 하나는 성형 수술이 도움이 되는 경우고, 다른 하나는 비용을 많이 들였는데도 만족하지 못하는 상황이 계속되는 거야.

그런데 눈에 확 띄는 심한 손상은 아니지만, 가령 네 몸에 모반, 혹, 흉터 같은 것이 있어서 계속 신경 쓰이고 괴롭다면 어떨까? 옷을 입으면 다른 사람에게는 보이지 않지만, 그것 때문에 누가 보는 곳에서는 절대 옷을 벗기 싫다면 어떡하지? 주변에서는 "어머, 그러지 마. 아무것도 아닌데 뭐!"라고 말하지만 너는 계속 신경이 쓰이겠지. 다른 사람에게는 사소할지 몰라도 너에게는 큰 문제니까.

그것 때문에 성형 수술을 받아도 될지 문의해도 괜찮을까? 당연하지! 걱정되는 부분은 의사에게 진료를 받거나 문의해야 해. 있는 그대로의 몸을 사랑하고 존중해야 하지만 너에게는 정말 감추고 싶은 부분이 있을지 몰라. 그렇다면 너를 위해 결단을 내려야겠지.

> 저는 사람들이 외모를 바꾸기 위해 성형 수술 하는 일은 잘못되었다고 생각해요. 몸을 그런 식으로 '수정'하는 것은 자연스럽지 않잖아요. 해리스, 14세

성형 수술을 하고 싶은 마음이 있니? 수술은 제대로 된 자격을 갖춘 전문의가 시행해야 해. 우선 정신 건강을 살피는 것이 중요한데, 특히 신체이형장애와 관련된 검진을 받아야 해. 앞에서 심각한 신체이형장애를 겪는 환자들은 수술이 도움이 되지 않는다고 말한 적이 있어. 문제는 왜곡된 사고에 있는데 외과적인 수술로는 그 부분을 바로잡을 수 없어.

하지만 어떠한 미의 기준에 들어맞지 않는다고 네 몸의 일부를 깎거나 축소하거나 키울 생각이라면 그러지 않는 게 좋아. 지방을 이리저리 옮기거나 인공 물질을 삽입하지 않아도 네 몸은 멋지다는 점을 기억했으면 좋겠어. 너다운 모습으로 살아가. 있는 그대로의 멋진 모습으로 말이야!

많은 연예인들에게 성형 수술은 아주 흔해요. 안 하는 게 이상할 정도죠. 아주 사소한 결점까지도 없애버려서 외모가 정말 비슷해요. 그게 좋은 게 아니란 건 알지만 부러운 마음이 들기도 해요.

데이지, 14세

음식, 운동, 수면 같은 핵심 영역뿐만 아니라 우리 몸을 위해 신경 써야 할 부분들은 아주 많아. 스트레스를 관리하고 치아, 피부, 머릿결, 손발톱을 돌보고 건강하게 유지하는 모든 행동이 기분을 좋게 하고 너를 멋지게 보이도록 해 줘. 기분이 늘 좋거나 외모가 항상 최상일 수는 없겠지만, 우리에게는 가능한 한 최선을 다해 자신을 돌봐야 할 책임이 있어.

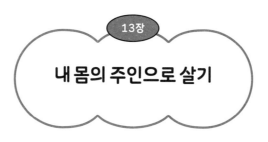

13장

내 몸의 주인으로 살기

우리는 지금까지 영양가 있는 음식을 먹고, 운동을 해서 몸을 튼튼히 하고, 단잠을 자기 위해 노력하고, 잘 쉬면서 스트레스를 푸는 방법을 배웠어. 웰빙 탁자를 받치는 네 개의 다리를 모두 잘 세운 셈이지. 그 외에도 몸에 자부심을 갖기 위해 할 수 있는 일이 더 있어.

나에게 어울리는 모습

우리는 가끔 다른 사람이 지시하는 대로 옷을 입어야 할 때가 있어. 교복을 입어야 할 때가 그래. 어른도 복장 규정을 따라야 해. 직장 내 규칙을 따르거나 유니폼을 입기도 하지. 그런데 청소년기에는 이런 규칙을 지키는 게 꽤 어려운 일이야. 네 나이에 이런 규정을 지키는 일이 특히 힘든 세 가지 이유가 있어. 첫째로 신체가 급변하는 중이고 어떤 스타일이 자신에게 가장 잘 어울리는지 알아 가는 데 시간이 걸려. 두 번째로 주변 사람들이 이러쿵저러쿵 잔소리를 하는데 어른이 감당해야 하는 것보다 많기 일쑤지. 세 번째로 대부분의 학교 교복은 그다지 예뻐 보이지 않아.

복장에 대한 규정은 학생과 학교가 결정할 문제라 교복의 한계를 넘으라고 권유하지는 않을게. 하지만 가능하면 네 스타일을 실험해 보라고 권하고 싶어.

> 교복은 개인의 자신감과 신체 이미지에 도움이 되기도 하고 방해가 되기도 해요. 모두가 같은 옷을 입으면 섞여 들어가기도 쉽고 이런저런 판단도 피할 수 있어서 좋은 것 같아요. 하지만 자신에게 적절한 방식으로 자신을 표현할 기회를 주지 않는다는 점에서 자신감을 떨어뜨리기도 해요.
>
> 데이비드, 14세

교복을 입는다고 해도 헤어스타일, 화장, 작은 소품들로 충분히 변화를 줄 수 있어. 좋은 인상을 줄지, 충격을 줄지, 짙은 화장을 할지 말지는 온전히 네가 결정하는 거야. 뭔가 시도해 보고 싶다면 도전해 봐. 친환경적인 시도도 괜찮지 않을까? 제로웨이스트 가게를 둘러보고 바느질을 배우고 재활용을 해 보면서 창의력을 발휘하는 거야.

네 키와 체형과 피부색에 잘 어울리는 것이 수직이나 수평 줄무 늬일지, 꽃무늬일지, 강렬한 색깔일지 등등 소위 패션 '원칙'에 관해 조언해 주는 유튜브 채널이나 웹사이트를 찾을 수 있을 거야. 사실 가장 좋은 원칙은 입었을 때 마음에 들면 된다는 거야. 다른 사람들 이 말하는 '원칙'들은 신경 쓰지 마. 내 생각에는 그런 원칙들이야말 로 깨라고 있는 거야. 너를 표현하는 방식을 바꾸려 시도하는 중에, 평가하는 말을 듣더라도 당황하지 마. 네 원래 모습과 다르다는 이 유로 사람들이 깜짝 놀라는 경우가 많을 거야. 상대방이 웃음을 터 뜨리더라도 네 모습이 별로라는 뜻은 절대 아니야. 그런 반응은 신 경 쓰지 말아야 해. 그래야 가장 너다운 스타일을 찾을 수 있어.

원한다면 친구에게 어떻게 생각하는지 물어봐도 좋겠지. 진심으 로 알고 싶다고 말해 봐. 친구가 솔직하면서도 부정적인 의견을 들 려주더라도 그 말을 존중하는 것이 중요해. 혹시 부정적인 의견을 받아들일 준비가 안 되었다면 묻지 않는 편이 좋아. 그리고 그건 한 사람의 의견일 뿐이라는 점을 기억해. 다른 사람은 그 의견에 동의하 지 않을 수도 있어. 가장 중요한 것은 너 자신의 의견이야.

강연을 하러 학교를 방문하면 어떤 식으로든 눈에 띄는 학생을 만 나. 그 학생들은 머리 모양이든 옷이든 화장이든 남들과 다른 스타일에 도전하지. 나는 그런 학생들에게 경이감을 느껴. 이런 작은 도전들이 자신을 멋지게 만들어 갈 수 있게 해 줘.

화장하고 자신을 한껏 드러내기

나의 메이크업 조언이 필요한 사람은 없을 거야! 이미 마음에 맞는 뷰티 블로거나 유튜버에게서 필요한 정보를 모두 얻고 있을 테니까. 맨얼굴로 다니든 풀메이크업을 하든 자신을 위한 것이라면 어떤 선택이든 옳다고 생각해.

청소년들이 화장하는 것에 대해 긍정적인 입장이라고 나를 비난하는 사람들이 있을지도 몰라. 자연스러운 얼굴을 가리는 것이 뭐가 좋으냐고 물을 수도 있겠지. 하지만 우리 인간들은 수천만 년 동안 얼굴과 몸에 그림을 그려 왔어. 나아졌으면 하는 부분을 개선하고, 원할 때 가장 멋진 모습을 드러내고, 창의적인 방법으로 외모를 치장하는 식으로 말이야. 화장이 좋다 나쁘다 말하지는 않으려고 해. 네가 원한다면, 화장해서 기분이 좋아진다면 해야 하지 않을까? 다만 화장품을 사면 주의사항을 꼭 읽어 봐!

> 화장품에 시간과 돈을 쓰는 편인데, 그렇게 하면 기분이 좋아져요. 제 친구들도 다들 그렇게 하는데, 우리는 화장품에 집착하지 않아요.　　　　　　　　　　　　　니나, 16세

화장품에 너무 많은 돈을 쓰지 말라는 말은 꼭 해야겠어. 저렴한 브랜드도 효과 면에서 뒤처지지 않거든. 또 시간이 너무 많이 들지 않는 방법을 찾으면 좋겠어. 다양한 기술과 여러 제품을 사용하면 시간이 너무 오래 걸리는 것이 사실이야. 화장 말고도 해야 할 일이 많잖아. 하지만 선택은 너에게 달렸어. 너 자신을 위한 일이어야 해.

화장을 하면 자신감이 생기기도 해. 기분이 좋아지기도 하고. 화장의 장점이지. 사람들과 어울리고 유대감을 느끼는 데에도 유익한 면이 있어. 성별이나 나이와 상관없이 자신을 표현하는 수단이기도 해. 다양하게 시험해 봐도 좋겠지. 그리고 화장은 반드시 깨끗이 지워야 해!

자세 – 등과 어깨를 꼿꼿하게 펴고 걷기

앞에서도 이야기했지만, 몸이나 마음이 좋지 않을 때 우리는 구부정한 자세를 취하는 경향이 있어. 팔짱을 끼고 어깨와 등을 움츠리지. 그런데 반대로 의식적으로 꼿꼿하고 자신감 있게 고개를 들고 서거나 걸으면 어떻게 될까? 기분이 나아지고 떳떳한 기분이 들어. 지금 당장 해 봐!

자세를 취하는 세 가지 중요한 요령이 있는데, 서든, 걷든, 앉든 모두 적용돼.

1. 머리 꼭대기에 붙어 있는 끈을 위로 쭉 당긴다고 상상해 봐. 키가 커진다는 기분으로 척추와 목을 쭉 늘여. 이때 몸이 앞으로 기울지 않는 게 포인트야!

2. '코어를 사용하는 방법'을 익혀 봐. 코어 근육은 척추와 복부를 지지하는 역할을 해. 우리는 걷거나 앉거나 서 있는 내내 코어 근육을 사용해. 사실 이 근육들은 부상을 막는 데도 아주 유용하지. 대부분의 사람은 코어 근육을 제대로 사용하지 못해. 헬스 트레이너나 필라테스 지도자에게 코어 근육을 제대로 사용하는 요령을 직접 배우는 것이 가장 좋지만, 온라인이나 동영상을 통해서도 배울 수 있어.

3. 어깨에 힘을 빼고 등을 펴 봐. 많은 사람이 어깨와 목 근육을

긴장하는 경향이 있어. 어깨와 목에 힘이 들어가면 몸이 쉽게 피곤하고 컨디션이 떨어져.

몸에 해로운 것을 피하자

담배, 술, 다른 약물은 몸에 도움이 되지 않아. 이와 관련된 연구들은 청소년이든 성인이든 신체에 악영향을 끼친다고 강력하게 주장해. 그런 물질은 모두 중독성이 있고, 개중에는 치명적인 것도 있지. 이런 약물들은 뇌에 매우 해로워. 네 몸과 뇌가 제 역할을 다하도록 하기 위해서는 독성 있는 물질을 반드시 피해야 해.

동의 - 내 몸의 주인은 나야

누구도 너의 동의 없이 네 몸(또는 네 몸의 사진)을 함부로 찍거나 유포해서는 안 돼. 신체적 혹은 감정적으로 강요당해서 동의했다면 그건 동의로 치지 않아. 동의에 관해 이야기할 때는 대개 성적인 행위를 염두에 둔 동의를 의미해. 법적으로 성행위를 승낙할 수 있는 나이를 말하는 '성관계 동의 연령'을 비롯해 나라마다 관련 법률이 달라. 양쪽 모두 법으로 정한 나이가 되어야 하지. 한국은 2020년에 미성년자 의제강간 연령 기준이 만 13세에서 만 16세로 높아졌어. 텔레그램 N번방 사건을 계기로 수많은 아동과 청소년에 대한 성착취 및 성착취물 제작·배포 행위가 드러났고, 법무부와 국회에서는 미성년자 의제강간 연령 기준을 만 16세로 높였어. 2020년 5월 19일부터 법이 시행되고 있어.

지금부터 동의의 원칙을 알려 줄게. (한국성폭력상담소 제공)

1. 동의는 온전한 개인으로서의 존중, 소통과 배려가 전제되어야한다.
2. Yes or No만 문제 삼지 않는다.
3. 동의의 맥락과 조건이 중요하다.
4. 개인의 자율권과 관련된 모든 행위가 동의의 대상이다.
5. 동의는 매번 확인되어야 한다.
6. 동의는 언제든 철회될 수 있다.

내 느낌과 생각만으로 상대의 의사를 섣불리 추측해서는 안 되고, 잠들었거나 술·약물에 취한 상태에서 성적 동의를 구해서는 안 돼. 그리고 성적 동의를 구하는 과정이 '그루밍'(성착취를 목적으로 특정인에게 접근해 신뢰관계를 형성하는 행위)이 되지 않도록 해야 하고, 모든 당사자가 자신이 동의한 성적 행위에 대한 충분한 정보를 알고 있어야 하며, 권력 차이가 명백한 관계라면 애초부터 성적 동의를 구하지 않는 게 상대의 의사를 존중하는 것이고, 무엇보다 성적 행위에 대한 적극적 합의가 '모든 과정에서, 항상' 이뤄져야 해. (한국성폭력 상담소 제공)

네가 상대방이 뭔가 하길 원하든 상대방이 너에게 뭔가를 원하든, 상대가 원하지 않는 것을 하거나 설득하거나 강요하는 일은 잘못된 거야. 안 된다는 말은 안 된다는 뜻이야.

만약 성적인 관계를 맺고 있다면 적절한 피임 도구를 사용해 자신을 확실히 보호해야 해. 원치 않는 임신을 피할 뿐만 아니라 질병을 피하기 위해서도 매우 중요해.

너의 결정권

동의는 성관계에만 필요한 것은 아니야. 누가 네 몸을 만져도 될지 결정할 너의 권리를 의미하기도 해. 물론 누군가 실수로 널 만질 수도 있고, 때로는 다른 사람과 손을 잡거나 어떤 식으로든 몸에 신체 접촉이 일어나는 활동을 할 수도 있어. 게임을 하면서 손을 잡는 행동을 불편하게 느끼는 사람도 있겠지만, 상대방에게 특별히 불편한 감정이 있는 경우가 아니라면 딱히 반대할 만한 일이 아니라는 데 대부분이 동의할 거야. 물론 그런 상황이라도 강요해서는 안 되겠지만 말이야.

다른 사람들보다 유난히 '촉각에 익숙한 사람'이 있어. 그런 사람들은 다른 사람을 만지거나 다른 사람이 자신을 만지는 일을 편안하게 받아들이면서 심각하게 여기지 않아. 유독 자연스럽게 상대를 껴안거나 다양한 신체 표현으로 우정을 드러내는 친구도 있을 거야. 그런 행동이 불편하다면 참여하지 않는 게 좋겠지. 진정한 친구라면 개의치 않을 거야. 그런 행동은 불편하지만 함께 어울리면서 이야기하는 것은 좋다고 설명하면 돼.

학교에서 옷 갈아입기

학교에서는 친구들과 함께 옷을 갈아입어야 할 때가 있어. 그런 상황이 마음에 들지 않을 수 있지. (솔직히 그런 상황을 좋아하는 사람은 많지 않을 것 같아.) 학교는 이 상황을 민감하게 다뤄야 해. 학생을 존엄하게 대할 의무가 있으니, 각자의 필요를 세심하게 살피고 문화 혹은 종교적 견해를 존중해야 하지. 만약 옷을 갈아입어야 하는 환경이 인권을 우선하지 않는다고 생각되거나 너무 불편하다고 느낀다면 신뢰하는 선생님과 상의해 봐.

사진과 동의

마지막으로 강제하기가 무척 힘들고 무시될 때가 많지만 반드시 동의가 필요한 상황이 있어. 사진을 찍고 공유할 때 필요한 동의야. 먼저, 18세 미만인 미성년자가 (나체나 성기 노출을 포함해서) 성적인 포즈를 취한 사진을 소유하거나 공유하는 일은 많은 나라에서 위법이라는 사실을 강조할게.

이 부분은 아주 중요한데, 많은 청소년에게 매우 큰 문제이기도 해서 하고 싶은 이야기가 많아. 청소년들, 심지어 열 살도 안 되는 아이가 자신의 나체 사진이나 신체 일부를 노출한 사진을 보내라는 압박에 시달리는 일이 비일비재해. 친밀한 관계 속에서 소녀들이 (때로는 소년들도) 남자 친구나 여자 친구로부터 신체 (일부나 전신) 사진을 찍어서 보내지 않으면 이러저러한 일을 겪게 될 거라는 협박을 받으면 엄청난 압박감을 느낄 수밖에 없어.

이것이 얼마나 끔찍하고 절대 일어나서는 안 될 일인지 아무리 강조해도 지나치지 않아. 자신의 사진이나 신체 일부의 사진을 보내면 즉시 후회할 가능성이 높아. 너를 진심으로 좋아하고 존중하는 사람이라면 절대 그런 짓을 강요하지 않을 거야. 너 역시 그 말대로 해야 한다고 생각할 필요 없어. 네 몸은 너의 것이고 누구도 너를 위험에 빠지게 할 일을 강요할 수 없어.

> 본인의 동의 없이 사진을 찍고 공개적으로 게시하는 일은 잘못된 일이라고 생각해요. 자기 사진을 찍은 사람과 잘 아는 사이가 아니라면 절대 안 될 일이지요. 설령 잘 안다고 하더라도 동의하지 않았다면 분명 잘못이라고 생각해요.
>
> 데이비드, 14세

온라인의 사진들

사진과 관련해서 중요하게 생각해야 할 부분이 또 있어. 다른 사람의 사진을 찍어서 온라인에 올리는 일이야. 많은 사람이 그런 상황을 진심으로 괴로워해. 외모에 마음에 들지 않는 부분이 있다면 누군가 자기 사진을 찍어서 동의도 없이 공유했다는 사실이 정말 끔찍하게 느껴질 거야. 내가 아는 청소년 중에는 학교에서 친구들과 어울리는 시간을 정말 불편하게 여기는 아이들이 여럿 있어. 친구들이 사진을 찍어서 자기도 모르는 사이에, 허락도 없이 온라인에 올릴까 봐 걱정되기 때문이야.

> 최근 온라인에서 제 사진을 봤어요. 저는 깜짝 놀랐고 짜증이 났어요. 저는 제 사진이 공개되는 게 싫은데, 아무도 저에게 허락을 구하지 않았어요.　　　　　바바라, 18세

윤리와 감정

법은 나라마다 다르지만, 윤리와 감정에 초점을 맞췄으면 좋겠어. 어디서든 너는 안전하다고 느낄 권리가 있어. 즉, 사진을 찍는데 네가 원치 않는다면 너에게는 함께 찍지 않을 권리가 있어. 이미 찍었다면 사진을 공유하지 말아 달라고, 특히 온라인에 올리지 말아 달라고 말할 권리가 있어.

저는 (친한 친구와 가족들 빼고) 누군가 자신의 휴대폰에 제 사진을 갖고 있는 게 싫어요. 그래서 제 사진을 몰래 찍거나 장난으로 찍으려고 할 때 그렇게 하지 말라고 이야기하는 편이에요.

아퀼랏, 14세

나이와 상관없이 여러 사람과 이 이야기를 나눴는데, 당사자가 개의치 않으리라는 확신이 없다면, 동의를 구하지 않거나 상대방 모르게 사진이나 영상을 공유하는 일은 잘못이라는 의견이 많았어. (나체나 사적인 장소에서 성적인 내용을 담은 사진이 아니라면) 불법은 아니지만 화가 나고 스트레스 받고 불쾌할 수 있어. 학교나 친구 사이에서 이 문제가 제대로 다루어지지 않는다고 느낀다면 네 감정에 공감할 누군가와 이야기하도록 해. 그런 다음 모두가 안전하고 편안하게 느끼도록 이 문제를 해결할 방법을 알아봐.

부모님도 자녀의 사진을 온라인에 올려. 이것 역시 자녀의 동의를 얻은 뒤에 해야 한다고 생각해. 네 생각을 부모님과 나눠 봐. 만약 부모님이 싫어하는 사진을 네가 온라인에 올리면 그분들은 어떤 기분일까? 너의 생각을 분명하게 표현하고 부모님의 생각도 존중하며 대화를 나눈다면 좋은 방법을 찾을 수 있을 거야. 네 몸이잖아. 네 몸의 주인은 너라는 사실을 절대로 잊지 마!

네 몸은 너의 것이고 네가 책임을 져야 해.

몸으로 네 개성을 드러내고 네가 가장 좋아하는 부분을 자랑하고, 네가 싫어하는 부분을 눈에 덜 띄게 하는 방법을 실험해 봐. 몸은 너의 캔버스나 무대가 될 수도 있고 네 개성과 취향을 드러내는 수단이 되기도 해. 몸에게 친절하게 대하고 존중하는 마음을 숨기지 말고 표현해 봐. 건강하게 관리하고 돌보는 것도 잊지 말고!

네가 이 책을 고른 이유가 네 몸을 싫어하기 때문일지도 모르겠다. 안타깝게도 많은 사람이 그래. 대부분의 사람이 자기 외모를 싫어하지. 어쩌면 '신체 이미지'가 얼마나 뚱뚱하거나 말랐는지에 관한 내용이라고 생각했기 때문에 이 책을 읽기 시작했을지도 몰라.

이제 신체 이미지라는 개념이 생각보다 꽤 흥미로우면서 만만하게 볼 문제가 아니라는 점을 이해했으면 좋겠어. 아무쪼록 네 몸을 전보다 소중히 여기고 네 몸이 할 수 있는 일을 가치 있게 생각하고 제대로 돌봐서 더 많은 일을 했으면 좋겠어. 이 책의 내용을 잘 기억하길 바라는 마음에서 두 가지 메시지를 정리해 볼게.

1. 신체 이미지는 모두의 마음에 존재해. 너의 마음은 마음속에만

존재하는 그림을 만들어 내는데 그 그림은 대개 현재보다 훨씬 부정적이야. 마음속 그림은 머릿속에서 목소리를 내는데 그 목소리는 잔인하고 못된 말을 할 때가 많아. 그 목소리 때문에 고통 받는 사람은 그 목소리를 만들어 낸 사람이지. 그 사람은 바로 너야.

2. 네 몸은 그 자체로 아름답고 멋져. 어떤 모습인지는 중요하지 않아. 겉으로 보이는 모습은 네가 아주 멋지고 뛰어나고 훌륭한 존재라는 사실과는 아무런 관계가 없으니까.

마지막으로, 너만을 위해 할 수 있는 최선은 네 몸과 마음과 너 자신을 존중하고 아끼는 일이라는 점을 깨달았으면 좋겠어. 맛있는 음식을 먹고, 운동으로 몸을 건강하고 튼튼하게 가꾸고, 단잠을 자고, 편안하게 쉬는 등 네 몸을 잘 돌볼 간단한 방법이 많아. 이런 일들은 재미있고, 즐겁고, 신나는 활동으로 우리 기분을 좋게 해 줘.

너의 몸은 지금 그리고 미래에 수많은 일을 할 수 있기 때문에 훌륭해. 몸은 너의 삶을 담는 그릇이고 너의 삶은 매 순간 최선의 선택을 하고 어려움이 닥쳐도 당당히 맞서면서 단단해질 거야. 네 몸은 네가 잘만 대한다면 너에게 제일 잘 맞으리라는 점에서 훌륭해. 네 몸은 너의 독특함을 잘 보여 줘. 함께 잘 지내면서 아름답게 가꾸는 거야.

이 책을 다 읽었다면, 신체 이미지에 대해 많이 생각해 봤을 거야.

네가 좋아하는 문구와 함께 네 방에 걸 포스터를 만들어 보자. 나와 함께 수업한 학생들과 만든 문장을 몇 개 보여 줄게. 참고해서 너만의 문장을 만들어 봐.

✦ 내 몸은 나의 것이다. 주인이 되자!

✦ 자신만만하고, 창조적이고, 세련된 모습으로!

✦ 내 몸은 나의 것. 다른 누구도 멋대로 바꿀 수 없어!

✦ 세상의 어떤 약도 나를 아름답게 만들어 주지 않아. 내 생각과 행동만이 그렇게 할 수 있어.

✦ 행복은 나를 남과 비교하길 그만둘 때 시작돼.